Xpert.press

Die Reihe **Xpert.press** vermittelt Professionals
in den Bereichen Softwareentwicklung,
Internettechnologie und IT-Management aktuell
und kompetent relevantes Fachwissen über
Technologien und Produkte zur Entwicklung
und Anwendung moderner Informationstechnologien.

Ralf Leinemann

Herausgeber

Social Media

Der Einfluss auf Unternehmen

 Springer Vieweg

Herausgeber
Ralf Leinemann
Stuttgart
Deutschland

D | A | R | A >

Deutscher
Analyst
Relations
Arbeitskreis

Die vorliegende Arbeit geht auf eine Initiative des Deutschen Analyst Relations Arbeitskreises (DARA) zurück. Dieser Arbeitskreis verfolgt das Ziel, einen aktiven Dialog zwischen Analyst-Relations-Managern und AR-Consultant von Technologieunternehmen zu fördern. Mehr Information zu dieser Institution steht unter www.dara-online.de zur Verfügung.

ISSN 1439-5428
ISBN 978-3-642-36475-4   ISBN 978-3-642-36476-1 (eBook)
DOI 10.1007/978-3-642-36476-1

Die Deutsche Nationalbibliothek verzeichnet diese Publikation in der Deutschen Nationalbibliografie; detaillierte bibliografische Daten sind im Internet über http://dnb.d-nb.de abrufbar.

Springer Vieweg
© Springer-Verlag Berlin Heidelberg 2013

Gedruckt auf säurefreiem und chlorfrei gebleichtem Papier

Springer Vieweg ist eine Marke von Springer DE.
Springer DE ist Teil der Fachverlagsgruppe Springer Science+Business Media
www.springer-vieweg.de

Inhaltsverzeichnis

Die Autoren

Thorsten Düchting verantwortet seit Mai 2009 als Director Corporate Communications die externe und interne Kommunikation von Computacenter in Deutschland. Begonnen hat er bei dem IT-Dienstleister im November 2006 als Public & Analyst Relations Manager. Zuvor war der studierte Jurist für verschiedene PR-Agenturen tätig. In dieser Zeit unterstützte er internationale Kunden aus der IT- und Telekommunikationsbranche bei ihren Public-Relations- und Analyst-Relations-Aktivitäten.

Dirk Eggers begann seine Laufbahn als IT-Berater Mitte der neunziger Jahre bei IBM Global Services. Nach einer Zwischenstation bei der belgischen IT Masters-Gruppe, gehörte er zu den Gründern des international tätigen IT-Beratungsunternehmens N-Tuition Business Solutions AG, wo er als alleinvertretungsberechtigtes Mitglied der Geschäftsleitung fast zehn Jahre den Bereich Professional Services verantwortet und auch selbst strategische Kunden im In- und Ausland bei Design und Implementierung von IT-Prozessen beraten hat. Nachdem Eggers zwei weitere Jahre in gleicher Position bei der Mansystems Deutschland GmbH aktiv war, ist er seit 2012 als unabhängiger Berater tätig und berät Unternehmen bei Gestaltung und Optimierung ihrer IT-Prozesse.

Björn Eichstädt ist Managing Partner bei der Storymaker Agentur für Public Relations. Der 37-jährige Neurobiologe ist seit 2005 im Web 2.0 aktiv. Seither berät er Unternehmen in der strategischen Entwicklung ihrer Online- und Social-Media-Kommunikation. Storymaker mit Sitz in Tübingen berät technologieorientierte IT- und Fertigungsunternehmen in der PR- und Online-Kommunikation und hat eine Schwesterfirma in Peking.

Dr. Annegret Haffa und Sebastian Pauls Dr. Annegret Haffa ist Gründerin und geschäftsführende Gesellschafterin der Kommunikationsagentur Dr. Haffa & Partner. Sie ist außerdem Dozentin an der Bayerischen Akademie der Werbung (BAW), der LMU und der TU im Bereich Public Relations/B2B. Vor dem Eintritt ins PR-Business Promotion in Internationaler Politik. Wissenschaftliche Tätigkeiten an der Universität Freiburg und an verschiedenen politik-, wirtschafts- und sozialwissenschaftlichen Forschungsinstituten in Freiburg und München.

Sebastian Pauls ist Managing Partner bei Dr. Haffa & Partner. Er ist Experte für strategische Kommunikationsberatung insbesondere für Softwareunternehmen und

Dienstleister. Bevor er in die PR ging, war er als Journalist tätig und Mitgründer einer Lokalzeitung in Braunschweig. Deshalb gehört auch Corporate Publishing zu seinen beruflichen Steckenpferden. Sebastian Pauls beobachtet die Entwicklung von Social Media seit Jahren mit Begeisterung und professionellem Interesse.

Die 1986 gegründete Münchner Kommunikationsagentur Dr. Haffa & Partner ist auf PR und Marketing für IT-, Hightech- und Cleantech-Unternehmen spezialisiert. Das Leistungsportfolio erstreckt sich von der fundierten strategischen Kommunikationsberatung über maßgeschneiderte Öffentlichkeits- und Pressearbeit über Corporate Publishing bis hin zu Marketing-Services, Social-Media- und Website-Beratung sowie Vertriebsunterstützung für nationale und internationale Unternehmen.

Katrin Kuch ist Account Manager bei der Storymaker Agentur für Public Relations. Die Diplom-Kommunikationsdesignerin und Medienwissenschaftlerin analysiert die Wirkmechanismen von Kommunikation immer auch unter visuellen Aspekten. Seit 2006 ist Katrin Kuch PR-Beraterin bei Storymaker.

Dr. Ralf Leinemann blickt auf gut 20 Jahre Erfahrung im Bereich PR, Marketing und Business Development in der IT Branche zurück. Er hat an der Universität Tübingen in Physik promoviert.

Leinemann war bis 2006 PR Direktor bei Hewlett-Packard mit internationaler Verantwortung für Europa, den Mittleren Osten und Afrika. Er hat viele Jahre Erfahrung sowohl in der PR im kommerziellen Bereich („B2B") als auch im Konsumentenbereich („B2C"). Zusätzlich leitete er über viele Jahre den Bereich Industry Analyst Relations.

Seit 2007 ist Leinemann für die Marketing-Agentur Matchcode tätig und konzentriert sich insbesondere auf die Entwicklung von integrierten Marketing-Konzepten.

Jörg Lenuweit arbeitet seit 2000 bei Text100 und hat in dieser Zeit das Text100 Creative Content Team aus der Taufe gehoben. Vor Text 100 arbeitete Jörg Lenuweit als freier Journalist und Texter unter anderem für die Tagespresse. Zuvor studierte Neuere deutsche Literaturwissenschaft, Kommunikationswissenschaft und Psychologie an der Universität Augsburg, wo er 1999 als Magister Artium abschloss.

Carsten Nazet ist Leiter der Einkaufskategorie IT Desktop & Network Services der Deutschen Telekom AG. Damit verantwortet er den Einkauf für alle Dienstleistungen rund um den Arbeitsplatz der Mitarbeiter.

Als Diplom Ingenieur und Diplom Kaufmann begann seine Karriere bei der ABB im Einkauf für Produktionsteile der Transformatorensparte, bevor er 1999 zu Hewlett Packard wechselte. Dort nahm er verschiedene Aufgaben im Einkauf und Presales wahr, unter anderem die Einkaufsleitung für Marketing Services Deutschland und er leitete den Aufbau einer taktischen Einkaufsabteilung für Mitteleuropa. Er war bei der Zusammenlegung der Einkaufsbereiche von HP und Compaq intensiv involviert und arbeitete 4 Jahre im Presales der HP IT Outsourcing Services Organisation. Er ist Gesellschafter der Felimar Beratungs GmbH.

Carsten Nazet verfügt über intensive Erfahrung im Managen von Outsourcing Providern und Offshore Dienstleistern. Er befasst sich mit der Entwicklung von

Governance- und Geschäftsprozessen auf der Basis von szenariofähigen Modellen und der Ableitung entsprechender Maßnahmen und Strategien.

Stefan Pieper ist Leiter der Unternehmenskommunikation bei Atos Origin Deutschland & CEMA. Damit verantwortet er den Bereich Media und Analyst Relation bei Atos Origin in den Ländern Deutschland, Österreich, Schweiz, Polen, Türkei, Griechenland und Südafrika.

Der studierte Historiker und Betriebswirt begann seine Karriere im Jahr 2000 bei IBM, wo er als PR-Volontär und PR-Referent tätig war. Im Jahr 2005 begleitete Stefan Pieper kommunikationsseitig den Übergang der IBM PC-Sparte auf den neuen Eigentümer Lenovo und war bis zum seinem Wechsel zu Atos Origin im Jahr 2008 als Pressesprecher für Lenovo Deutschland, Österreich und Schweiz tätig.

Hans-Jürgen Rehm ist Kommunikationsreferent (Professional External Communications) bei der IBM Deutschland MBS GmbH und betreut die Bereiche Media Relations und Analyst Relations für die IBM Systems and Technology Group sowie die Branchen Banken und Versicherungen (Financial Services). Der gebürtige Rheinland-Pfälzer (Jg. 67) ist seit 21 Jahren für IBM in der IT-Branche tätig und hat Aufgabenstellungen in Kommunikation (AR, PR, IK), Marketing, Sales Support und Business Operations durchlaufen. Er hat Betriebswirtschaftslehre an der Berufsakademie Stuttgart studiert, mit dem Abschluss eines Diplom-Betriebswirts (BA). Darüber hinaus hält er einen Abschluss beim Chartered Institute of Marketing (UK). Hans-Jürgen Rehm arbeitet seit Gründung im Arbeitskreis des DARA als Teilnehmer mit.

Saskia Riedel sammelte in rund 16 Jahren verschiedenste Erfahrungen in PR, Kommunikation, Journalismus und Marketingkommunikation. Sie arbeitete sowohl in führenden Agenturen als auch in IT-Konzernen – unter anderem bei Hewlett-Packard mit internationaler Verantwortung für Europa, den Mittleren Osten und Afrika, außerdem unter anderem auch für Siemens und IBM.

Zu ihren Erfahrungen gehören PR im kommerziellen wie im Konsumentenbereich. Als Co-Autorin von Diana Jaffé befasst sie sich insbesondere auch mit Gender Marketing Communication. An der Fernuniversität Hagen erwarb sie als Zweitstudium einen Mastertitel in Wirtschaftsmediation und nutzt den Wissenstransfer auch für Change-Kommunikation, Unternehmenskommunikation und integrierte Kommunikationskonzepte. Derzeit baut sie als Director Global Corporate Communication die globale Unternehmenskommunikation eines Schweizer Anbieters für Luftreinigungslösungen auf.

Bhaskar Sambasivan ist Vice President und Head of Life Sciences, Europe bei Cognizant.

Die Business Consulting Group von Cognizant arbeitet seit zehn Jahren mit Kunden aus dem pharmazeutischen Bereich zusammen und sorgt dafür, dass Social Media-Tools auf geordnete Weise in die Praxis eingebunden werden, um unter Einhaltung der behördlichen Vorgaben das bestehende Innovationspotenzial freizusetzen und neue Arbeitsweisen einzuführen.

IDC hat in der neuen Studie „IDC MarketScape: Worldwide Pharmaceuticals Social Media Analytics 2012 Vendor Assessment" die Anbieter von Social-Media-Analysen speziell für diesen Markt genauer unter die Lupe genommen und Cognizant dabei als führendes Unternehmen positioniert. Beurteilt wurden die Dienstleister unter anderem bezüglich Funktionalität oder Fähigkeit, Delivery-Modell, Kunden-stamm, Preismodell, Kundendienst, Mitarbeiter sowie Innovationsfähigkeit und Produktivität.

Heidi Schall ist freie Kommunikationsberaterin und beschäftigt sich bereits seit den 1990er Jahren mit Informationstechnologie. Nach Stationen bei Unternehmen wie Diehl ISDN oder DPD Deutscher Paketdienst war sie 10 Jahre als Beraterin und zuletzt als Mitglied der Geschäftsleitung bei der auf Technologie spezialisierten PR-Agentur Hiller, Wüst & Partner (heute Hill & Knowlton) beschäftigt. Dort baute sie ab 2004 den Bereich Analyst Relations auf, betreute im globalen Analyst Relations Teams von Hill & Knowlton Kunden wie Microsoft, Qualcomm oder Verizon Business auf lokaler Ebene. Als Mitbegründerin des DARA setzt sie sich aktiv für die Professionalisierung der jungen Disziplin ein. Seit sechs Jahren interessiert sich die überzeugte Twitternutzerin für das Web 2.0, Social Media und den damit für Unternehmen verbundenen Chancen und nötigen Veränderungen.

Celia Wei ist Account-Managerin bei der Storymaker Agentur für Public Relations GmbH. Die 32-jährige PR-Beraterin, mit über zehn Jahren Erfahrung in der chinesisch-deutschen Kommunikation, berät deutsche Unternehmen beim Eintritt in den chinesischen Kommunikations- und Social-Media-Markt.

Einleitung

1

Ralf Leinemann

Das Fällen von Entscheidungen birgt immer Risiken. Im Geschäftsumfeld können Entscheidungen mitunter weitreichende Konsequenzen haben.

Ob die Büroklammern eines Unternehmens von Firma A oder Firma B bezogen werden, ist im Normalfall noch belanglos. Die Überlegung, welche Geschäftsprozesse eingeführt werden sollen, kann hingegen schon entscheidend für den Erfolg eines Unternehmens sein. Und die Anschaffung einer ungeeigneten IT-Infrastruktur, die nicht einmal die technische Voraussetzung erfüllt, die richtigen Geschäftsprozesse zu unterstützen, kann unter Umständen sogar das Aus für eine Firma bedeuten.

Entscheider in Unternehmen haben es nicht immer leicht. Und die immer komplexer werdende Technik, der nicht immer auf Anhieb anzusehen ist, ob sie die Bedürfnisse des Unternehmens optimal adressiert, macht es nicht leichter. Sie weist womöglich Einschränkungen auf, die sich eventuell nicht sofort, sondern erst in der Zukunft mit wachsenden Ansprüchen offenbaren. Und in einem solchen Fall sind nicht nur erhebliche Investitionen in den Sand gesetzt, sondern auch Wettbewerbsvorteile verspielt oder gar die Existenz des Unternehmens aufs Spiel gesetzt worden.

Gerade der Anschaffung hochkomplexer Investitionsgüter geht heute eine intensive Recherche und Beratung voraus. Unabhängige Berater zeigen Vor- und Nachteile verschiedener Lösungen auf. Einschlägige Zeitschriften veröffentlichen Erfahrungsberichte anderer Unternehmen und über persönliche Kontakte bekommt man Insider-Informationen, die eine Entscheidung für oder gegen eine Anschaffung maßgeblich beeinflussen können.

In „IT-Berater und soziale Medien" (Springer-Verlag 2011) haben wir aufgezeigt, wer Technologie-Kunden beeinflusst und wie sich das Käuferverhalten unter dem Eindruck neuer Medien verändert. Zu den klassischen Beratern (Analysten, Consultants, Medien, Marktforscher, Unternehmensberater, usw.) gesellen sich zunehmend neue „Influencer" wie Blogger oder Kontakte in sozialen Medien.

R. Leinemann (✉)
Matchcode, Nagold, Deutschland
E-Mail: rleinemann@matchcode.com

R. Leinemann (Hrsg.), *Social Media,* Xpert.press,
DOI 10.1007/978-3-642-36476-1_1, © Springer-Verlag Berlin Heidelberg 2013

Die neue Online-Welt hat nicht nur neue Influencer auf den Plan gerufen, sondern auch begonnen, die Geschäftsmodelle von klassischen Beratern zu verändern und sie hat die Kommunikationsabteilungen von Unternehmen vor neue Aufgaben gestellt. Statt der klassischen Email-Kommunikation wird eventuell getwittert, statt eines klassischen Analyst Relations (AR) Programms muss eventuell eine allgemeinere Influencer-Relations-Abteilung aufgebaut werden und statt einer einseitig ausgerichteten Kommunikation von einem Unternehmen an seine Umwelt muss eventuell eine interaktive Kommunikation zwischen Unternehmen und Kunden, zwischen Unternehmen und Influencern, zwischen Unternehmen und Stakeholdern aufgebaut werden.

Insbesondere die sozialen Medien erleben seit einigen Jahren eine stark anwachsende Bedeutung, die man als Unternehmen nicht mehr ignorieren kann, wenn man im Wettbewerb bestehen will. Soziale Medien tragen zur Meinungsbildung bei, sie beeinflussen Kundenentscheidungen und sie beeinflussen die Außenwahrnehmung eines Unternehmens, seiner Mitarbeiter und seiner Produkte und Dienstleistungen.

Die Stärke von sozialen Medien hat sich in den letzten Jahren an vielen Beispielen gezeigt, sei es in positivem Sinne durch Mund-zu-Mund-Propaganda oder im negativen Sinne durch Boykottaufrufe gegen einzelne Unternehmen oder Produkte. Viele dieser Beispiele kommen aus dem B2C-Umfeld. Aber auch im Bereich der Investitionsgüter, also im B2B-Umfeld, gewinnen die sozialen Medien an Bedeutung – und man kann mittlerweile ausschließen, dass es sich um einen kurzlebigen Mode-Effekt handelt. Entsprechend haben immer mehr Unternehmen auch die Chancen der sozialen Medien erkannt und nutzen sie für die Darstellung des Unternehmens und für den Dialog mit Kunden.

Wir wollen in dem vorliegenden Buch verschiedene Aspekte von sozialen Medien betrachten – ausgehend von den Beobachtungen, die wir in „IT-Berater und soziale Medien" dargestellt haben.

Im ersten Abschnitt wollen wir die Auswirkungen auf die Kommunikation eines Unternehmens näher betrachten. Dabei widmen wir uns zum Beispiel Fragen, inwieweit sich Kommunikationsabteilungen der neuen Situation anpassen müssen. Müssen klassische PR- oder AR-Strategien verändert werden? Wie muss man auf die neuen Influencer zugehen? Der Einfluss der sozialen Medien auf den Markenwert eines Unternehmens oder eines Produkts wird hier ebenfalls betrachtet.

In diesem Abschnitt wird deutlich, dass Social Media ein zweischneidiges Schwert darstellen. Sie bergen Chancen, aber auch Risiken. Und es wird Unternehmen geben, die gewinnen und solche, die verlieren. Gleichzeitig wird diese Dualität auch in Bezug auf andere Aspekte deutlich: Unternehmen werden unterschiedlich reagieren und tun das bereits heute. Man muss sich entscheiden zwischen Monolog und Dialog, zwischen digital und analog, zwischen Angst und Mut. Aber letztlich werden Social Media Grenzen zwischen Unternehmen und Kunden verwischen und es wird in der Praxis zu einem „sowohl-als auch" kommen.

Apropos Praxis Im zweiten Abschnitt werfen wir einen Blick auf den Einfluss sozialer Medien in der Praxis. Wie stellen sich einzelne Abteilungen auf die Veränderungen ein? Wie ändern sich Kommunikationswege? Wir werden uns ansehen, welchen Einfluss die „Schöne Neue Welt" auf die IT-Abteilungen in Unternehmen hat.

In den abschließenden beiden Teilen betrachten wir unterschiedliche Entwicklungen in einzelnen Branchen und – am Beispiel China – internationale Unterschiede bei der Nutzung sozialer Medien.

Die Bedeutung und der Einfluss sozialer Medien bringen sicher noch viele offene Fragen mit sich, die teilweise auch noch kontrovers diskutiert werden. Der Leser soll daher bitte keine endgültigen Antworten oder gar Wunderlösungen auf den nächsten Seiten erwarten. Die Beiträge sind als Beobachtungen und Erfahrungen von praktizierenden Kommunikationsprofis zu verstehen, die hoffentlich bei der Findung von Lösungen für das eigene Unternehmen hilfreich sind.

Teil I
Web 2.0 = Kommunikation 2.0?

Web 2.0 – Einfluss auf Kommunikation und Marke

2

Saskia Riedel

Einführung

Eigentlich sind wir schon bei Web 3.0, nämlich nicht mehr bloß digital, sondern schon interaktiv. Aber eigentlich heißt das miteinander auch „back to the roots": Denn ent-anglisiert sind Soziale Medien – genau! – sozial (von lat. „socius" für gemeinsam, verbunden, verbündet). Sie werden von Homo Sapiens benutzt. Und eignen sich genau deshalb auch nur sehr, sehr bedingt als mono-direktionale, kurzfristige Marketing-Tools.

Dennoch erwarten viele Unternehmen von Social Media einfach nur mehr Abverkauf für weniger Marketingaufwand. Kunden erwarten das genaue Gegenteil, mehr Aufwand, Aufmerksamkeit, individuellere Ansprache – und Dialog. Ein klassisches Dilemma aus unterschiedlichen Erwartungshaltungen!

Digital oder Digitalis?

Ich, Jahrgang 1968, nutze sehr wenige Social Media-Angebote, nämlich Xing, LinkedIn, ab und zu Facebook, und oute mich als „digital hinter dem Mond". Mein Blog soll gar nicht global bekannt sein, weil ich noch mit wordpress herumexperimentiere. Menschen meines Alters sind per se keine „digital natives", auch wenn mancher digital durchaus fit ist. Es geht bei Social Media aber nun mal nicht bloß um Technik, sondern um Inhalte. Um das, was Nutzer, zumal zahlungskräftige, kaufinteressierte, wollen.

S. Riedel (✉)
Kaiserslautern, Deutschland
E-Mail: riedel.saskia@gmx.de

R. Leinemann (Hrsg.), *Social Media,* Xpert.press,
DOI 10.1007/978-3-642-36476-1_2, © Springer-Verlag Berlin Heidelberg 2013

Demographische Diskrepanz

Können Menschen von rund 30 bis 45 Jahren in Unternehmen und Agenturen „digital natives" im Alter von rund 15 bis 25 erreichen? Dauerhaft, wirksam und messbar in harten Zahlen und KPIs, damit rund 45 bis 65 alte Vorstandsvorsitzende wissen, ob der Aufwand für den Geschäftserfolg lohnt?

Generationenübergreifender Austausch ist seit Generationen schwierig, weil wir auf verschiedenen Entwicklungsstufen und in verschiedenen Erlebniswelten leben. Vertrauen, die Mitarbeiter auf Social Media „mal machen lassen können, Inhalte delegieren ist eine ganz harte Währung im Social Media Zeitalter, wie Ralf Leinemann eindrucksvoll beschreibt. Und überhaupt: Sind die 15 bis 25 Jährigen überhaupt die primäre Zielgruppe für ein Produkt? Und woher kann ich wissen, wie eine Zielgruppe denkt, wenn ich ihr nicht intensiv und unvoreingenommen und vorurteilsfrei zuhöre? Am besten auch ohne Technik dazwischen, die allzu oft zusätzlich abschirmend und anonymisierend wirkt.

Dualistische Denke

Auf Wikipedia[1] findet sich folgende Social-Media-Definition: *„wandelt mediale Monologe (one to many) in sozial-mediale Dialoge (many to many)"*[2] Schön wär's, denn viele wollen zwar netzbeschleunigte Kommunikation, aber nicht den regelmäßigen Austausch mit Menschen. Solange ein Mensch nicht kauft, kostet er nach dieser Denke aber nur. Warum ich kaufe oder auch nicht, wollen Unternehmen aber äußerst selten von mir direkt wissen, obwohl ich es ihnen gerne erzählen würde. Sie beauftragen lieber Marktforschungsinstitute, um nicht direkt mit mir sprechen und die Daten aufbereiten zu müssen. Denn das kostet Zeit und ist anstrengend.

Die Zielgruppe, die doch bitt'schön einfach nur kaufen soll, will aber mehr: Sich unabhängig und glaubwürdig informieren, austauschen, Fragen stellen, zeitnah Antworten bekommen, auswählen, mitmachen, teilhaben, gehört bzw. gelesen und wertgeschätzt werden – oder sie wandert ab. Die Zielgruppen kommunizieren auch nicht nur in Worten, wie Karin Kuch und Björn Eichstätt aufzeigen. Auch etwas zu „liken" oder zu „pinnen" ist eine von vielen möglichen Formen der sozialen Kommunikation.

---

[1] Journalisten, die auf sich halten, zitieren Wikipedia natürlich nicht als Quelle. Ich tue es hier trotzdem, weil es hier um Social Media geht und Wikipedia ein Social Media-Kanal ist, den z. B. die Mitarbeiter aus der auf Seite 18 zitierten Studie als schnelle erste Informationsquelle für ihre Arbeit nutzen.

[2] Zitiert aus Wikipedia, 13.03.2012, dort zitiert aus Brennan Valerie, (2010), Navigating Social Media in the Business World, Licensing Journal, Vol. 1, p. 8-12.

Dialog-Marketing...

... ist kein Dialog nur weil es so heißt, sondern Marketing. „Ich rede, also bin ich. Die anderen reden auch, also führen wir offenbar einen Dialog", ist schließlich auch kein Dialog. Marketing ist meist immer noch mono-direktional und kurzfristig dem Diktat der Quartalszahlen unterworfen. Wo Entscheider, oder schlimmer, weil sie es wirklich besser wissen sollten Marketingabteilungen, nach automatisierten Tools für Social-Media-Dialoge rufen, ist die Botschaft (an den Kunden) klar: „Du nervst. Ich will nur Dein Geld und zwar möglichst schnell und einfach!"

Dialog funktioniert nicht automatisiert – wer redet schon gern dauerhaft mit einer Maschine[3] oder schaut rund um die Uhr Homeshopping-TV?

Natürlich kann man auf Social Media auch werben, und das sogar günstiger als mit klassischen Anzeigen. Aber nicht unbedingt wirksamer.[4] Der Mechanismus und Streuverlust ist prinzipiell derselbe wie bei Plakat- oder Anzeigenwerbung. Vollgespamte Postfächer, Banner und Pop-Ups, die sich mir in den Weg stellen, werden mich nicht zum Kauf verlocken, eine gezielt auf meinem über lange Zeit beobachteten Nutzer- und Kaufverhalten basierende, dezente Amazon- Buchempfehlung schon eher, auch wenn sie automatisiert erfolgt. Denn sie kommt als Information ohne (Kaufauf-)Forderung daher und redet mich nicht in offensiver Höflichkeit nach jedem dritten Wort mit meinem Namen an, eine Sales & Überzeugungstechnik, die manche Marketiers anscheinend immer noch empfehlen (besonders gerne für Telefonmarketing).

Fazit

Social Media hin oder her: Die Nutzer sind Homo Sapiens. Noch immer macht der Umgangs-„Ton" die Musik und noch immer hängt der Mehrwert vom Inhalt ab.

Unternehmen MÜSSEN sich die Fragen stellen:
- Will ich klassisch werben? Oder etwas erfahren? Es spricht vieles dafür, Social Media auch für (vor allem qualitative) Marktbeobachtung zu nutzen, echtes Feedback von echten Menschen einzuholen und Verkaufsplanung nicht nur auf Zahlenwerke zu stützen.
- Will und kann ich zuhören, antworten und den Kunden immer besser kennenlernen?

---

[3] iPhone-Nutzer unterhalten sich auch mit Siri nicht wie mit einem Menschen. Eher wie mit einer Sekretärin, was zu denken geben sollte, aber hier das Thema sprengen würde.

[4] Und auch nicht umweltschonender oder nachhaltiger; Internetwerbung ist zwar schneller und genauer an Nutzerverhalten anpassbar, kostet aber in letzter Konsequenz auch wieder Energie. Überspitzt gesagt: Bäume stürben dann zwar nicht mehr für sinnlose Broschüren oder prestigetriefende weitgehend newsfreie Unternehmenszeitungen, die nur der Chef liest, sondern jetzt eben für Stromerzeugung.

- Messe ich nur das Machbare über einen kurzen Zeitraum (Click Rates, Reichweite, Likes, Churn – Zahlen über einen kurzen Zeitraum), oder das Mögliche (Zahlen und Inhalte, Entwicklungen, Wahrnehmung, Loyalty, Trends)?

Der Einfluss von Social Media besteht momentan konkret darin, dass Unternehmen sich damit – und mit ihren Ängsten und Erwartungen in Bezug auf Social Media – befassen müssen. Das ist nur ein Anfang. Nicht mehr.

Social Media zwingt uns, uns auf „alte" Fähigkeiten wie Dialog- und Kommunikationsfähigkeit zu besinnen und mit Interesse, Offenheit und gegenseitigem Respekt aufeinander zuzugehen. Dann gibt es Chancen und auch Risiken, wie bei Carsten Nazet nachzulesen, dann können Unternehmen weit mehr gewinnen als sie durch Social Media zu verlieren fürchten, wie Annegret Haffa und Sebastian Paul zeigen. Das Digitale ist keine Grenze mehr, sondern wird idealerweise zur Brücke.

Mehr gewinnen als verlieren

3

Müssen Unternehmen im Social Web Kontrollverlust befürchten?

Annegret Haffa und Sebastian Pauls

Einführung

Während die sozialen Medien für B2C-Unternehmen längst Teil des Kommunikationskanons geworden sind, tut man sich vor allem im B2B-Geschäft immer noch schwer damit. Im Weg stehen fehlende Budgets und die Frage, ob die eigene Zielgruppe überhaupt via Social Web angesprochen werden kann und welche Kanäle die richtigen sind. Das sind Aspekte, die sich klären lassen. Einer der größten Hemmschuhe vor allem, wenn Marketiers und Kommunikationsverantwortliche Social Media gegenüber der Unternehmensleitung durchsetzen wolle, ist allerdings etwas, das gern „drohender Kontrollverlust" genannt wird. Das hat als Totschlagargument schon viele Social-Media-Projekte beendet, bevor sie richtig angefangen haben.[1] Ist die Angst vor Kontrollverlust berechtigt? Verlieren Unternehmen im Social Web tatsächlich die Kontrolle? Die Autoren bezweifeln das – und gehen dem Kontrollverlust deshalb in diesem Beitrag auf den Grund.[2]

Der Begriff Kontrollverlust hat in Bezug auf das Social Web eine interessante Bedeutungsverschiebung bzw. -diffusion durchgemacht. Ursprünglich beschrieb er den Verlust der Hoheit über die eigenen Daten, die den Nutzern sozialer Netzwerke drohen: Sobald ein Schüler die Partyfotos auf Facebook eingestellt hat, kann er nicht mehr steuern, was mit ihnen geschieht. Als vielerorts Mitarbeiter begannen, über

---

[1] Die Angst vor Kontrollverlust gibt es natürlich auch bei B2C-Unternehmen. Sie sind allerdings weitaus mehr als B2B-Unternehmen bereits im Social Web unterwegs – weil ihre Kunden hier sehr aktiv sind, und sie neue Chancen für Markenbildung und Kundenbindung gesehen haben.

[2] Der Beitrag befasst sich vor allem mit der Perspektive von B2B-Unternehmen.

A. Haffa (✉) · S. Pauls
Dr. Haffa & Partner, München, Deutschland
E-Mail: annegret.haffa@haffapartner.de

S. Pauls
E-Mail: sebastian.pauls@haffapartner.de

R. Leinemann (Hrsg.), *Social Media*, Xpert.press,
DOI 10.1007/978-3-642-36476-1_3, © Springer-Verlag Berlin Heidelberg 2013

ihren Job, ihren Arbeitgeber, über Kunden zu twittern oder sogar unternehmensbezogene Facebook-Accounts anlegten, kam der Kontrollverlust zu den Unternehmen. Die nahe liegende Befürchtung: Interna können nach außen dringen, Kommunikationshierarchien werden unterlaufen, Sprachregelungen missachtet. Logische Konsequenz waren zum einen Social-Media-Richtlinien als Anleitung für die Mitarbeiter im Umgang mit sozialen Medien. Zum anderen standen mit einem Mal sogar B2B-Unternehmen vor der Aufgabe, selbst ins Social Web einzusteigen und in den Dialog nicht nur mit Zielgruppen zu treten, sondern mit jedermann, der sich aus irgendeinem Grund für das Unternehmen interessiert. Öffentlicher Dialog mit heterogenen Zielgruppen? Führt zu Kontrollverlust, sagen die Bremser. Sie hatten und haben Erfolg damit, denn Kontrolle ist selbstverständlich eine der zentralen Aufgaben eines Unternehmensvorstands. Kontrollverlust als diffuses Angstszenario ist deshalb zu einer Art Breitbandpestizid geworden, das Gegner des Social Web auf jedes noch so zarte Social-Media-Pflänzchen streuen können.

Was wir nicht wissen, gibt es nicht

Dies alles beruht allerdings auf zwei Fehlannahmen: „Wir haben alles unter Kontrolle" und „was wir nicht wissen, gibt es nicht". Selbst in der Vor-Social-Media-Zeit war eine vollständige Kontrolle der Kommunikation eines Unternehmens zwar immer ein Ziel, aber niemals hundertprozentig erreichbar. Der Grund dafür heißt Außenwelt – Medien, Kunden, Verbraucher, Politik etc. –, und die will nicht immer so, wie ein Unternehmen es sich wünscht. Schließlich kann auch der beste Steuermann kein Wetter machen.[3] Pressemitteilungen, Hintergrundgespräche, die eigene Website sind eine Seite der Kommunikationsmedaille – die allerdings nicht unbedingt jener der Außenwelt entspricht. Insofern geht es in der Unternehmenskommunikation seit jeher darum, andere Meinungen aufzugreifen, zu reflektieren, Meinungsführer zu überzeugen, auch Druck auszuhalten – also Leute an Bord zu haben, die wissen, wie man auch mit schlechtem Wetter umgeht und wie es sich umschiffen lässt. Eins war früher sicherlich leichter: Die Unternehmen wussten ohne Social Media viel weniger davon, was Menschen über sie denken, und hatten entsprechend weniger Notwendigkeit, sich damit auseinanderzusetzen.

An diese Zeiten der seligen Unwissenheit anzuknüpfen, indem sich Unternehmen aus dem sozialen Web fernhalten, ist ein netter Versuch, der allerdings an der Realität vorbeigeht. Denn wer nicht auf der Party ist, über den kann trotzdem gesprochen werden. Schlimmer noch: Er weiß nicht, dass über ihn geredet wird. Er weiß nicht, was über ihn geredet wird. Er hat keine Gelegenheit, Falsches richtigzustellen. Und selbst wenn, wüsste er am nächsten Tag nicht, wen er anrufen soll, weil er nicht weiß, wer über ihn geredet, bzw. wer denjenigen zugehört hat. Unternehmen, die also so viel Kontrolle wie möglich über ihre Kommunikation ausüben wollen, müssen auf

---

[3] Er kann allerdings das Wetter vorhersehen und entsprechend reagieren – darauf kommen wir später noch einmal in Bezug auf Social Media zu sprechen.

die Party – und die kann je nach Zielgruppe bei Facebook oder Twitter stattfinden, bei Xing oder in Foren und Blogs.

Kurz: Für Unternehmen, die wissen wollen, was und wie über sie geredet wird, gibt es also ohnehin keine Alternative zu einem Engagement im Social Web. Angst vor Kontrollverlust ist unangebracht, weil man nicht verlieren kann, was man nicht hat. Im Gegenteil: Die sozialen Medien haben Mechanismen zu bieten, die sogar zu mehr bzw. zu einer ganz neuen Form der Kontrolle führen können, aber dazu später.

Skandalisierung als Spiel

Es ist unbestreitbar, dass die sozialen Medien und das Internet im Allgemeinen einen Trend zur Skandalisierung[4] fördern. Nichtigkeiten können in Windeseile zu Staatsaffären aufgeblasen werden und geraten schneller außer Kontrolle. Dabei ist es im Web wie in der analogen Welt: Die Gegner einer Sache tun sich eher zusammen und sprechen lauter als die Befürworter. Bei alledem darf man aber eins nicht vergessen: Auch in den sozialen Medien bekommt jede Affäre nur den Stellenwert, der ihr gesamtgesellschaftlich zusteht. Es ist davon auszugehen, dass ein erst einmal aufgedecktes Guttenberg-Plagiat (die Aufdeckung in der Form hätte es ohne das Social Web sicher nicht gegeben) auch in den traditionellen Medien seine Runde gemacht hätte. Und die Affäre ist auch nur deshalb vom Web in die analoge Welt geschwappt, weil Relevanz und Interesse vorhanden waren. Viele sogenannte Shitstorms[5], die von den Betroffenen als sehr lästig und gefährlich empfunden werden, finden allerdings unter Ausschluss der breiten Öffentlichkeit im sogenannten Longtail des Web statt, also dort, wo sich vergleichsweise kleine Gruppen mit gleichen Spezialinteressen tummeln. Das Ausmaß solcher Kritikwellen erscheint den Beteiligten oft größer als es tatsächlich ist, weil es das Geschehen innerhalb ihres Erfahrungshorizonts beherrscht, jenseits davon aber nur eine Randerscheinung ist.

Neu und sicherlich nicht zu unterschätzen ist die Geschwindigkeit, mit der Informationen im Social Web die Runde machen. Ein Twitter-User ruft nicht bei einem Pressesprecher an und erkundigt sich nach der Richtigkeit einer Information, bevor er einen Tweet absetzt. Er hat auch kein Berufsethos, das ihn bewegt, über bestimmte Dinge nicht oder nur nach weiterer Recherche zu berichten. Im Gegenteil: Am Computer kann einer sitzen, der einfach einen schlechten Tag hatte, der ein Unternehmen nicht leiden kann, dem es nur um seine Einzelmeinung und nicht um eine übergreifende Sicht geht. So ein Einzelner kann, wenn er entsprechend vernetzt ist, einem Unternehmen schaden oder zumindest auf die Nerven gehen – und das vielleicht nur, weil es ihm Spaß macht, für ein bisschen Wirbel zu sorgen.

All dies kann bei Führungskräften und auch bei gestandenen Kommunikationsprofis den Eindruck eines Kontrollverlusts auslösen – weil das alles neu ist. Insofern

---

[4] vgl. Pörksen/Detel: Der entfesselte Skandal, Köln, 2012.

[5] Ein Shitstrom ist eine (häufig unsachliche) Kritikwelle, die über Unternehmen und auch Privatpersonen hereinbricht.

gibt es den Kontrollverlust als psychologisches Phänomen durchaus. Wie geht es einem Autofahrer, der einen Mietwagen bestellt hat und ein Auto bekommt, das nicht per Lenkrad, sondern per Augenbewegung gelenkt wird? Er wird den Wagen ablehnen, selbst wenn Experten behaupten, diese Form der Steuerung sei um ein Vielfaches sicherer. Warum? Weil Sicherheit und Kontrolle subjektiv sind. Weil ein Autofahrer im eigenen Fahrzeug die Gefahren des Straßenverkehrs nicht als solche erlebt, weil er gelernt hat, mit diesem äußerst komplexen System umzugehen. Weil er weiß, wie eine Vollbremsung und ein schnelles Ausweichmanöver funktionieren. Er fühlt sich sicherer, als er tatsächlich ist.

Anders als die neue Lenkung ist das Social Web aber nichts, das man ablehnen und am Mietschalter gegen ein herkömmliches Modell tauschen kann. Das Social Web ist da (vielen Managern wäre es sicher lieber, das wäre nicht so) und ist Teil der Welt, auf die Unternehmen mit ihrer Kommunikation reagieren müssen. Aber warum ist das eigentlich so schwierig?

Vielleicht liegt es daran, dass die Kommunikationsbranche jahrzehntelang in einer ziemlich guten Position war: Während um sie herum, besonders in der IT, ein Innovationsschub nach dem anderen stattfand, gab es hier eigentlich nichts substanziell Neues. Sicher, es wurden reihenweise neue Kommunikationsinstrumente erfunden, aber die funktionierten vom Prinzip her weitgehend wie die gewohnten. Sie waren nur schneller und komfortabler. Die Welt war immer noch klar aufgeteilt in Sender und Empfänger. In Informationsproduzenten und Informationskonsumenten. Wer mit einem Mal im Web kommunizierte, musste vielleicht kürzere Sätze schreiben und seine Texte insgesamt kurz halten, aber das war es schon. Evolution statt Revolution: Man musste sich nicht auf etwas gänzlich Neues einstellen, sondern nur in der Lage sein, die neue Geschwindigkeit mitzugehen.

Social Media hingegen ist eine Revolution, die eherne Regeln einfach über Bord wirft und durch neue ersetzt. Das ist für die einen Befreiung, bei den anderen erzeugt es Ängste. Da das Phänomen durch einfaches Ignorieren aber nicht von der Bildfläche verschwindet, bleibt auch Skeptikern nichts anderes übrig, als sich damit auseinanderzusetzen und dazuzulernen. Sich auf etwas so dermaßen Neues einzulassen, das so viel von dem infrage stellt, das das eigene Handeln jahrelang geprägt hat, ist nicht leicht. Für Social Media gibt es zwar Regeln, aber keine Gebrauchsanweisung. Entscheidend ist vor allem, die Ideen des Teilens, der Transparenz und des Dialogs zu verinnerlichen und die damit verbundenen Chancen zu erkennen. Wem das nicht liegt, der sollte die Verantwortung für Social Media im Unternehmen an einen Kollegen übergeben. Der Einstieg in die sozialen Netzwerke läuft für Unternehmen sicher am besten, wenn sie mit Menschen sprechen, die sich damit auskennen – und ihnen zuhören. Idealerweise holt man sich einen jungen PR-Profi in die Unternehmenskommunikation, der mit dem Internet aufgewachsen ist, und für den Social Media die normalste Form der Kommunikation und des Netzwerkens überhaupt ist.[6] Old-School-Öffentlichkeitsarbeiter und digitale Ureinwohner können sehr schlagkräftige Teams bilden, denen es gelingt, die traditionelle Kommunikation

---

[6] Wichtig ist dabei nicht zuletzt das PR-Know-how und das Bewusstsein dafür, was in Unternehmen möglich ist.

mit der Social-Media-Welt zusammenzubringen. Wenn es dann auch noch glückt, einen Vorstand als Unterstützer zu gewinnen, ist von Kontrollverlust bald nicht mehr die Rede.

Fäkalstürme gab es schon immer

Der Kontrollverlust findet also in den Köpfen statt und resultiert aus dem Bewusstsein einer verlorenen Scheinsicherheit. Schließlich hat es Shitstorms bereits gegeben, als an soziale Medien noch lange nicht zu denken war. Ein prägnantes Beispiel dafür heißt „Brent Spar". Wir erinnern uns: Der Shell-Konzern wollte 1995 eine ausgediente Öllager- und Verladeplattform in der Nordsee versenken. Um das zu verhindern, besetzten Greenpeace-Aktivisten die Plattform, und die Umweltorganisation startete eine internationale Kampagne gegen Shell. Auch ohne Internet und Twitter verlegte Greenpeace die Debatte um Brent Spar innerhalb kürzester Zeit in die Mitte der Gesellschaft. Medien berichteten Shell-kritisch, nach Boykottaufrufen kam es an deutschen Shell-Tankstellen zu einem Umsatzeinbruch von bis zu 50 %.[7] Das Beispiel Brent Spar, und es gibt unzählige andere[8], zeigt nicht zuletzt, was mit einem Unternehmen passiert, das, berechtigt oder unberechtigt, auf eine Gruppe mächtiger Kritiker stößt, die in der Lage ist, Medien zu mobilisieren und ihre Thesen gezielt in bestehende gesellschaftliche Strömungen leitet, die sie dann in die Breite spült.

Ein zu Recht vielzitiertes aktuelles Beispiel: Stuttgart 21. Es dürfte Einigkeit darüber bestehen, dass dieses Projekt zeitweilig völlig außer Kontrolle geraten war. Ein zentraler Grund für die Eskalation war, dass die Verantwortlichen bei der Deutschen Bahn und in der Politik viel zu spät bemerkten, dass sich etwas zusammenbraute, das über das normale Maß an Protesten gegen geplante Baumrodungen hinausging. Ein Blick ins Internet hätte ihnen sicherlich geholfen, denn hier sammelte sich der Protest in öffentlichen Foren, bei Facebook und bei Twitter – jeder hatte die Möglichkeit, sich das anzuschauen. Das Problem war also gerade, dass die beteiligten Stellen nicht im Social Web waren. Weder wussten sie, was sich in den Weiten des Internets zusammenballte, noch hatten sie Gelegenheit, mit ihren Gegnern rechtzeitig in Dialog zu treten. Stuttgart 21 war im Handeln wie in der Kommunikation die alte Schule von Sender und Empfänger – und die Gegner des Bahnhofsprojekts waren weit davon entfernt, diese Form der Auseinandersetzung länger zu akzeptieren.

Vielleicht markiert Stuttgart 21 einen Wendepunkt. Aktuell ist auch seitens von Behörden viel von Open Governance zu hören. Öffentliche Einrichtungen denken darüber nach, Softwarelösungen für die Analyse sozialer Netzwerke zu installieren. Damit lässt sich so etwas wie ein Stimmungsbarometer schaffen, das die Meinung der Bürger (zumindest derer, die sich im Social Web äußern) laufend abfragt und so eine Basis für Dialog und Ausgleich schafft. Auf internationaler Ebene erproben die

---

[7] http://de.wikipedia.org/wiki/Brent_Spar

[8] Kurz darauf erwischte es die französische Regierung, die mit Atomtests auf dem Mururoa-Atoll weltweite Proteste auslöste, die in einen Boykott französischer Waren mündeten.

Vereinten Nationen gerade, inwieweit sich spezielle Analysesoftware für die Früherkennung sozialer Problementwicklungen nutzen lässt.[9] Man könnte vermuten, dass die Bürger ein solch systematisches Mitlesen im Social Web ablehnen. Aber nein: Eine Forsa-Umfrage von 2011 belegt, dass sich 90 % der Bundesbürger wünschen, dass die öffentliche Hand die sozialen Medien als Frühwarnsystem nutzt. Die Bürger möchten also, dass die Meinung, die sie äußern, auch gehört und ernst genommen wird.

Hier sind wir an dem Punkt, wo Social Media auch Unternehmen eine neue Form der Steuerung ermöglicht: Das soziale Web liefert Daten über Daten darüber, wie Menschen über ein Unternehmen oder seine Produkte denken. Diese Daten lassen sich anonymisiert auswerten, um Stimmungsbilder zu erzeugen, um laufend zu erfahren, wie es um die eigene Reputation steht. Solche Daten sind unbestechlich, klar und eindeutig, im Grunde genommen also genau das, was ein echter Kontrollfreak braucht, um sich wohl zu fühlen. Die entsprechenden Softwarelösungen für das Monitoring sind längst verfügbar, und sie verfügen über enorme Analysefähigkeiten. Sie erkennen, wer über was spricht, ob er sich positiv oder negativ äußert, und wer ihm zuhört. Selbst Ironie lässt sich damit erkennen. Droht ein Shitstorm auszubrechen, dann erkennt die Software das in einem sehr frühen Stadium und sendet eine Warnung an den zuständigen Mitarbeiter, der dann sofort versuchen kann, gegenzusteuern. Auf diese Weise liefert das Social Web etwas, das es früher nicht gab: laufend aktuelle Meinungsbilder und ein Frühwarnsystem, das anschlägt, wenn sich die öffentliche Meinung gegen ein Unternehmen wendet. Das Social Web bringt also Unternehmen, die sich professionell darauf einstellen, ein erhebliches Plus an Übersicht.

Fazit

Kontrollverlust entgegenzuwirken und so weit wie möglich zu reduzieren, ist seit jeher die Aufgabe der professionellen Unternehmenskommunikation. Gleichzeitig ist es aber eine Illusion zu glauben, dass sich Kommunikation bis ins letzte Detail kontrollieren lässt. Zu vielfältig sind die Faktoren, die ein Unternehmen selbst nicht beeinflussen kann. Worauf es ankommt – und das gilt für die Welt vor Social Media ebenso wie heute –, ist, die Instrumente und Mechanismen zu kennen, mit denen Unternehmen kommunizieren können, auch wenn ihnen mal der Wind ins Gesicht schlägt. Dass Unternehmen, die sich im Social Web engagieren, einen Kontrollverlust riskieren, ist ein Ammenmärchen. Im Gegenteil: Nur wer am Social Web teilnimmt, kann darauf auch Einfluss nehmen, um seine eigene Position zu vertreten und zu stärken. Wer die Spielregeln beherrscht und wer das Social Web laufend mit Blick auf das eigene Unternehmen, seine Marken und Märkte beobachtet, kann wertvolle Erkenntnisse für das eigene Geschäft daraus ableiten, und er gewinnt mehr Kontrolle, als er verliert.

---

[9] http://www.unglobalpulse.org/

Einfluss auf Mitarbeiter und einzelne Geschäftsbereiche

Saskia Riedel

Einführung

Man kann nicht nicht kommunizieren – Marketing und PR werden dafür sogar dafür bezahlt, auf allen Kanälen Botschaften an Zielgruppen zu transportieren. Aber man kann es versuchen: Abteilungen wie HR oder die Geschäftsleitung selbst kommunizieren wesentlich selektiver und zurückhaltender. Nun macht Social Media davor keinen Halt. Die Frage, ob es Social Media Richtlinien oder -Maulkörbe für Mitarbeiter geben muss, stellt sich nicht mehr, wenn eine andere Frage beantwortet werden kann: Wie sieht eine offene, dialogorientierte, wertschätzende Unternehmenskultur konkret aus?

Social Media ist ein technisch gestütztes, soziales Phänomen und überschreitet Grenzen. Menschen suchen den Dialog zu anderen Menschen, zu der sie in einer analogen Welt kaum Zugang hätten. Das heißt nicht, dass sie ihn bekommen. Lady Gaga hat auf Twitter Millionen Follower, die ihre Kurznachrichten empfangen. Einige ihrer Fans betteln sie darüber hinaus um persönlichen Kontakt an. Als Künstlerin und öffentliche Person kann sie sich diesen Wünschen entziehen. Unternehmen, die nicht auch gaga sind, können und sollten das nicht.

Bereich HR Manchmal schmerzhaft unsozial wirkt Social Media beim „War for Talents". Portale wie Xing helfen zwar sehr dabei, eigene Erfahrungen zu vermarkten. Und über das Freundes- und Kollegennetzwerk erfährt man, wo eventuell eine Vakanz in ihrem Unternehmen ist. Aber wo Recruiter selbst zunächst auf Offenheit und Ansprechbarkeit machen, Bewerber aber irgendwann doch nur die Standard-Absage bekommen oder aber, der Vergleichbarkeit halber, ihr gesamtes Leben mühsam in kleinteilige, optisch vorgestrige Online-Formulare tippen müssen, die mindestens

S. Riedel (✉)
Kaiserslautern, Deutschland
E-Mail: riedel.saskia@gmx.de

R. Leinemann (Hrsg.), *Social Media,* Xpert.press,
DOI 10.1007/978-3-642-36476-1_4, © Springer-Verlag Berlin Heidelberg 2013

noch dreimal abstürzen, geht der soziale Faktor schnell wieder flöten. Die HR-Abteilung bleibt genauso schwer zugänglich wie im echten Leben auch.

Bereich PR Selbst „PR 2.0" braucht gute Inhalte, zeitnahe Information und Zielgruppengenauigkeit. Das war analog nicht anders und ist auch jetzt noch so, und jetzt sogar erst recht! PR und Kommunikation ist vielerorts aber immer noch Marketing untergeordnet, auch die Kommunikation dient letztlich nur dem Verkauf und soll sich gefälligst an ihm messen lassen. Sogar durchsetzt mit Events, wo sich echte Menschen begegnen und Kundennähe versuchen, geht es nur ums Verkaufen, nicht um Bindungen, Beziehungsaufbau (engl. Relationship) oder zwischenmenschlichen Austausch. Diese Sichtweise kann vor dem Hintergrund von Web 2.0 (bzw. 3.0) keinen Bestand haben, weil Nutzer sich schon aus der Interaktion selbst, beispielsweise einem malevolenten „Shitstorm", einen „Kick" holen, weil das Mitmachen und Dabeisein, eine Stimme haben, das ist, worum es in erster Linie geht.

Bereich interne/Mitarbeiterkommunikation Laut einer durchgeführten Studie, unter Angestellten eines Unternehmens welches soziale Medien nutzt, empfanden 62,5 % der Befragten soziale Medien als nützlich für ihre Arbeit. Mehr als die Hälfte der Befragten sagten aus, dass soziale Medien ihnen helfen würden, ihre Aufgaben schneller zu bewältigen und ihre individuelle Arbeitsproduktivität zu steigern[1]. Das klingt sehr artig und so, als ob den Mitarbeitern ihr Unternehmen über alles geht und sie gar keine Richtlinien brauchen.

Andere Richtlinien können auch sehr wohl bedeuten: weniger Richtlinien. Ein Kulturwandel ist unerlässlich und wird nicht durch Richtlinien, sondern durch einen Wandel in der Grundeinstellung vollzogen. Denn vor allem dort, wo ausgeprägtes oben und unten herrscht wird Social Media diese Strukturen gewollt oder ungewollt untergraben – oder läuft Gefahr, inhaltslos und bedeutungslos zu werden, wenn die Strukturen fortbestehen. Denn die Erwartung an Social Media ist vor allem dieser Wandel, das mitmachen, teilhaben, informiert sein und informieren. Im Grunde mindestens die von Warhol prophezeiten 15 min Ruhm und Aufmerksamkeit für jedermann. Klar, manchmal hat man keine Lust mehr auf Social Media, manche Blog ist tot, manche „News" beim besten Willen kalter Kaffee – aber der Frust resultiert eher aus dem Nicht-gehört-werden oder dem Aufwand-Nutzen-Verhältnis. Und man kann nicht nicht kommunizieren.[2]

---

[1] Onyechi, Ginika C and Abeysinghe, Geetha (2009) Adoption of web based collaboration tools in the enterprise: challenges and opportunities. 2009 International Conference on the Current Trends in Information Technology (CTIT 2009), 15–16 December 2009, Dubai (Wikipedia, 13.03.2012)

[2] Vgl. dazu auch Spiegel-Artikel Digitaler Selbstmord, von Frauke Lüpke-Narberhaus, 2.3.2011, Zugriff 07.08.2012, 12:00 Uhr http://www.spiegel.de/unispiegel/wunderbar/0,1518,737590,00.html

Der Faktor Vertrauen

5

Ralf Leinemann

In jeder Geschäftsbeziehung spielt Vertrauen eine entscheidende Rolle. Bei jedem Vertragsabschluss vertraut der Käufer darauf, dass der Anbieter die versprochenen Leistungen auch erbringt und der Verkäufer vertraut darauf, dass der Kunde nach Erbringung der vereinbarten Leistung auch vertragsgemäß die Rechnung begleicht.

Unabhängig von dieser elementaren Form des Vertrauens zwischen Käufer und Verkäufer gibt es aber noch eine Reihe anderer Vertrauensebenen, die im Geschäftsleben eine Rolle spielen – und die insbesondere im Rahmen des gesamten Szenarios einer Entscheidungsfindung und eines Vertragsabschlusses relevant sind.

Im Marketing spricht man vom Vertrauen in eine Marke. Mit wachsendem Vertrauen in eine Marke wird diese bei anstehenden Kaufentscheidungen stärker berücksichtigt. (Kurze Randbemerkung: Ein hundertprozentiges Vertrauen in eine Marke hat also nicht automatisch zur Folge, dass das entsprechende Produkt (oder die Dienstleistung) auch gekauft wird, der Anbieter hat nur die erste Hürde genommen, dass sein Produkt überhaupt in Erwägung gezogen wird.)

Im Marketing wird analysiert, inwieweit einer Marke Vertrauen entgegengebracht wird – insbesondere im Vergleich zu anderen Marken. Sehr viele Faktoren tragen dazu bei, dass einer Marke vertraut wird. Dazu gehören Aspekte wie das Vertrauen in die Verantwortlichen und die Unternehmensrepräsentanten, das Befolgen von moralischen und ethischen Grundsätzen, die Vorgeschichte eines Unternehmens und insbesondere die Tatsache, dass das Unternehmen auch zu dem steht, was es verlauten lässt. Aber ein wesentlicher Beitrag zum Vertrauen in eine Marke oder in ein Unternehmen kommt nicht vom Unternehmen selbst, sondern von seinen Fürsprechern.

R. Leinemann (✉)
Matchcode, Nagold, Deutschland
E-Mail: rleinemann@matchcode.com

R. Leinemann (Hrsg.), *Social Media,* Xpert.press,
DOI 10.1007/978-3-642-36476-1_5, © Springer-Verlag Berlin Heidelberg 2013

Die Influencer

Unabhängige Referenzen für eine Marke oder ein Unternehmen sind oft von höherer Bedeutung als Produkteigenschaften oder Versprechungen von Vertretern des Unternehmens. Das ist natürlich der Grund für das Erstellen von Kundenreferenzen und die Veröffentlichung von anderen positiven Aussagen von unabhängigen Personen und Institutionen. Dazu gehören Erklärungen von Fachleuten wie Universitätsprofessoren, Analysten, unabhängigen Beratern, aber auch von früheren Kunden eines Unternehmens, die über ihre Erfahrungen aus der Praxis berichten.

Als Verbraucher kennen wir auch die Referenzen aus dem Fernsehen – sei es der Zahnarzt, der eine neue Zahnpasta empfiehlt, der Wissenschaftler im blütenweißen Kittel, der die Vorzüge neuer Medikamente preist oder die Hausfrau, die von einem neuen Waschmittel schwärmt. Hier sind die Übergänge zwischen unabhängigen Referenzen und bezahlten Aussagen für die Werbung allerdings fließend und das Vertrauen in derartige Kommentare ist entsprechend abgeschwächt.

Aber ich möchte an dieser Stelle nicht über das Für und Wider von Werbe-Ikonen im B2C- Umfeld diskutieren. Es soll um die Übermittlung einer Nachricht an Kunden über unabhängige Dritte gehen. Diese Übermittler einer Nachricht beeinflussen den Kunden bei der Auswahl von Produkten und Dienstleistungen und bei Kaufentscheidungen – und zwar sowohl im B2C- als auch im Geschäftskundenumfeld.

Die einfache Beziehung zwischen Anbieter und Kunde wird zu einer Dreiecksbeziehung (siehe Abb. 5.1), in der das Vertrauen zwischen den Beteiligten aus unterschiedlichen Gründen an Bedeutung gewinnt.

Eine bekannte Form der indirekten Informationsübermittlung verläuft über die Presse. Wir kennen die Rolle der Medien bei der Meinungsbildung als Privatperson, aber auch aus dem Berufsleben. Presseartikel, Rezensionen, unabhängige Produkttests beeinflussen unser Kaufverhalten. Aus der PR-Arbeit wissen wir, dass die wohl wichtigste Zielvorgabe für einen PR-Manager nicht die Anzahl der „generierten Artikel" ist, sondern das erworbene Vertrauen der Medienvertreter. Bei der Informationsflut, die ein Redakteur zu bewältigen hat, kann er einer einzelnen Pressemitteilung oder gar der persönlichen Kontaktaufnahme eines PR-Managers nur sehr wenig oder gar keine Zeit widmen – es sei denn, er vertraut dem PR-Manager, dass dieser seine Zeit nicht missbraucht und eine Information anzubieten hat, die es Wert ist, Zeit in sie zu investieren. Umgekehrt vertraut der PR-Manager natürlich auch dem Journalisten, dass er die Information nicht verfälscht oder ihn nicht falsch zitiert.

Ein gängiges Modell zur Messung von PR ist das sog. Lindenmann-Modell, das in leicht abgewandelter Form auch auf AR angewendet werden kann. Neben den drei elementaren Ebenen (Output, Outgrowth, Outcome), auf denen die Ergebnisse der PR gemessen werden, wird mitunter auch ein Relationship-Level in das Modell eingefügt, auf dem die Beziehung zwischen Unternehmen und Journalist gemessen wird. Ein typisches Kriterium für die Qualität einer Beziehung ist das Vertrauen.

Auch zwischen Journalist und Leser gibt es ein Vertrauensverhältnis. Der Leser vertraut darauf, dass die Information, die er in einer Zeitschrift liest, auch der Wahrheit entspricht und der Artikel keinem Gefälligkeitsjournalismus oder irgendeinem anderen Interessenkonflikt geschuldet ist.

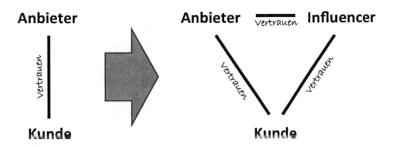

Abb. 5.1 Dreiecksverhältnis Anbieter-Influencer-Kunde

Der Kunde bringt sowohl dem Anbieter als auch dem Influencer oder Berater ein gewisses Maß an Vertrauen entgegen. Und je höher dieses Vertrauen ist, umso stärker geht die Meinung des Influencers in die eigene Entscheidungsfindung ein.

Gleichzeitig herrscht zwischen Anbieter und Journalist ein gewisses Vertrauensverhältnis, das aber wohlweislich kein absolutes gegenseitiges Vertrauen beinhaltet. Der Anbieter vertraut z. B. in einem Interview darauf, dass ein Journalist Informationen wahrheitsgemäß berichtet. Er kann aber nicht darauf vertrauen, dass der Journalist z. B. unbedachte Äußerungen eines Firmensprechers in einer Veröffentlichung unerwähnt lässt.

Die „klassischen" Analysten

Genau so, wie ein PR-Manager das Vertrauensverhältnis zu Journalisten als Basis für seine Arbeit aufbaut, wird im Analyst-Relations-Bereich das Vertrauensverhältnis zwischen Anbietern und Industrie-Analysten als Basis für eine erfolgreiche Arbeit aufgebaut. Dabei geht eine gute Analyst-Relations-Arbeit über die Verteilung von Pressemitteilungen oder das Durchführen von Interviews (bzw. Briefings) deutlich hinaus. Eine gute Analyst-Relations-Arbeit beinhaltet ein Geben und ein Nehmen. Informationen und Erkenntnisse werden – in einem gewissen Rahmen – in beide Richtungen ausgetauscht, womit beiden Seiten gedient ist. Man stimmt sich gegenseitig über Industrietrends ab und man vergleicht Meinungen zu aktuellen Themen. In einigen Fällen werden Analysten auch zu einem sog. „Message Testing" herangezogen, d. h. Analysten geben ihr Feedback zu neuen Produkten, Dienstleistungen oder Strategien, bevor diese der Öffentlichkeit bekannt gemacht werden. Das Feedback der Analysten kann dazu genutzt werden, Pläne zu überdenken, anzupassen, verfeinern oder umzustellen, so dass man die Öffentlichkeit mit einer optimierten Message adressieren kann. Während ein gegenseitiges Verständnis darüber besteht, dass ein Gedankenaustausch vertraulich behandelt wird, findet ein Message Testing üblicherweise unter einem Non-Disclosure Agreement („NDA") statt.

Verdeutlicht werden soll mit diesem Beispiel, dass ein gutes Vertrauensverhältnis die Grundlage für eine enge Zusammenarbeit zwischen Anbieter und Analyst sein

muss. Letztlich bekommt ein Analyst – egal, ob im Rahmen eines „Message Te-
stings" oder in einem normalen Briefing – üblicherweise Informationen von einem
Anbieter, bevor diese der breiten Öffentlichkeit zugänglich gemacht werden. Ein Ver-
trauensbruch kann deshalb verheerende Auswirkungen auf die Markteinführung für
den Anbieter haben. Aus diesem Grund legen Anbieter auch einen starken Fokus auf
die Auswahl der Analysten, die sie in einem Analyst Relations Programm betreuen –
und sie tun sich oft sehr schwer damit, Influencer, die nicht formal den Status „Analyst" haben, in ihr AR-Programm aufzunehmen. Bei Analysten können sie darauf
vertrauen, dass die Grundregeln über die Nutzung von kommunizierten Informationen eingehalten werden. Bei anderen Influencern ist das nicht unbedingt der Fall,
sie fühlen sich nicht unbedingt an oft auch unausgesprochene oder informelle NDA-
Abkommen gebunden. Sie haben eventuell sogar einen klaren Interessenkonflikt.

Die Online Influencer

Mit dem wachsenden Einfluss von „Online-Influencern" – seien es Peers in sozialen
Netzen, Blogger oder andere – ist es also nicht ratsam, ein bestehendes Analyst-
Relations-Programm einfach auf weitere Zielgruppen auszudehnen, sondern es muss
auch auf die neuen Influencer angepasst werden. Bei einer solchen Anpassung sind
dann auch beide Interessen zu berücksichtigen: Die der Anbieter wie oben beschrieben und die der neuen Zielgruppen, die Informationen eventuell in neuen Formaten
oder in anderen Zeitfenstern benötigen. Aber grundlegend ist die Tatsache, dass das
Vertrauensverhältnis zu diesen neuen Influencern ein anderes ist als das, was man in
vielen Jahren und Jahrzehnten zwischen Anbietern und Analysten aufgebaut hat.

Auch aus der Sicht des Kunden ist die Frage nach dem Vertrauen in die Influencer
mit den neuen Influencer-Gruppen neu zu bewerten. Der Analyst wird oft als „Trusted
Advisor" gesehen, der unbefangen und unabhängig bewertet und Empfehlungen
ausspricht. Dass der Analyst auch Anbieter zu seinen Kunden zählt, macht es für ihn
nicht leichter. Umso mehr muss er darauf achten, neutral zu bewerten und nicht den
leisesten Anschein zu erwecken, dass seine Aussagen und Empfehlungen durch seine
Geschäftsbeziehungen beeinflusst sind. Diese Grundregeln sind allen Beteiligten klar
und es sind in der Praxis diverse Hürden in das System eingefügt, die eine unlautere
Einflussnahme auf Analysten erschwert. Der Kunde ist zudem sensibilisiert und
weiß, welche möglichen Gefahren lauern und worauf er achten muss.

Bei sozialen Medien sehen sich Kunden einer neuen Situation gegenüber. Hier
lassen sich Beweggründe für Aussagen und Empfehlungen von einzelnen Teilnehmern an Foren oder Interest Groups kaum nachvollziehen. Teilweise ist nicht einmal
auf den ersten Blick zu erkennen, ob die Person wirklich diejenige ist, für die sie
sich ausgibt. Dass der Einfluss von Aussagen in sozialen Medien trotzdem nicht von
der Hand zu weisen ist, ist unbestritten. Ein B2C-Beispiel: Laut einer Untersuchung
der GfK vom März 2009 vertrauen fast 60 % aller Internetnutzer im Internet veröffentlichten Beiträgen anderer Konsumenten (Weblog, Foren, Verbraucherportale)

voll und ganz. Die Zahl ist damit nur unwesentlich kleiner als die der Verbraucher, die journalistischen Beiträgen voll und ganz vertrauen (60 %).

Aus der Sicht eines Teilnehmers an Diskussionen in sozialen Medien baut sich ein Vertrauensverhältnis nicht auf einer einzelnen Aussage auf. Kennt man den Autor einer Aussage nicht bereits persönlich, achtet man auf den Wortlaut einer Aussage, die die Intentionen eines Autors eventuell verrät oder man führt eine Recherche zu einem Autor durch, indem man mehrere seiner Aussagen miteinander vergleicht. Erst wenn sich der Autor als wirklich authentisch erweist, steigt das Vertrauen in seine Aussagen und man kann sie bei der Entscheidungsfindung für eigene Problemstellungen berücksichtigen.

Das Verhalten von Kunden verändert sich kontinuierlich. Kaufentscheidungen werden durch den Einsatz neuer Medien mehr und mehr beeinflusst. Damit einhergehend verändert sich das Verhalten von Kunden nicht nur im Konsumentenumfeld, sondern auch im B2B- Bereich, erstaunlich schnell. Aber selbst, wenn sich die Veränderungen in einigen Branchen noch relativ langsam vollziehen, ist davon auszugehen, dass neue junge Mitarbeiter, die mit sozialen Medien aufgewachsen sind und die gelernt haben, Informationen, die sie über diese neuen Kanäle erreichen, richtig zu bewerten, die neuen Medien noch stärker im Berufsleben nutzen als solche, die noch im klassischen System von Beratern und Analysten aufgewachsen sind.

Für Kommunikationsabteilungen von Unternehmen bedeutet das, frühzeitig das Vertrauen der neuen Influencer zu gewinnen und nicht auf ein klassisches AR-Programm allein zu vertrauen.

Kommunikationsqualität in sozialen Medien als Unternehmenskulturelement – Chance und Risiko im Unternehmenseinsatz

6

Carsten Nazet

> *„Ach, da kommt der Meister! Herr, die Not ist groß!*
> *Die ich rief, die Geister, werd ich nun nicht los. "*
> (aus dem Zauberlehrling von Johann Wolfgang von Goethe)

Sind Sie auf Facebook?
Als Firma?
Als Person?
Ist Ihr Vorstand oder Ihre Geschäftsführung dort?
Sind Ihre Auszubildenden, Praktikanten und Werkstudenten auf Facebook?
Sind die Kinder Ihrer Mitarbeiter auf Facebook?
Haben Sie schon einmal zwei World-of-Warcraft Fans beim Gespräch belauscht?
Haben die Produkte Ihrer Firma etwas mit Social Media zu tun?
Passt dann der Einsatz von Social Media zu Ihrer Firmenkultur?
Was ist überhaupt eine Firmenkultur?
Können Sie mit dem Titel dieses Beitrags so direkt etwas anfangen?

Soziale Medien im Alltag

Facebook ist derzeit ein beherrschender Teil der Presse. Aus Sicht der Börseninteressierten ist es wegen des sehr unangenehm verlaufenen Börsenganges (Dörner und Postinett 2012) ein wichtiges Thema. Die Mehrheit der anderen derzeit (Stand im Sommer 2012) ca. 900 Mio. Mitglieder interessiert sich mehr für die eigene Selbstdarstellung und vielleicht noch für den Datenschutz.

Wurde noch 1983 eine beabsichtigte Volkszählung bis zum Bundesverfassungsgericht getragen und damit das Volkszählungsurteil (Wikipedia 2012:1) erwirkt um die Informationsselbstbestimmung der Bürger zu schützen, so scheint es heute einfacher für den Staat seine Fragen einfach an Facebook, Payback, Xing und Co zu

C. Nazet (✉)
Bonn, Deutschland
E-Mail: cnazet@t-online.de

R. Leinemann (Hrsg.), *Social Media*, Xpert.press,
DOI 10.1007/978-3-642-36476-1_6, © Springer-Verlag Berlin Heidelberg 2013

stellen, da die Bürger dort sogar noch mehr preisgeben als der Staat sich zu fragen traut.

In Sozialen Medien passiert sogar noch mehr als nur dies. Einladungen über Facebook entwickeln eine Eigendynamik und aus 30 Gästen werden 1.000, Cybermobbing existiert als neues Wort, sogar Aufrufe zur Lynchjustiz werden gepostet und befolgt, angeblich haben 20 % aller Facebookseiten betrügerische Inhalte. Als Ergänzung zu Virensoftware können Sie inzwischen Produkte zum Schutz in Sozialen Medien kaufen.

Als wären sie sicher und geschützt zeigen Menschen im Internet Teile Ihrer Persönlichkeit, die sie im persönlichen Treffen niemandem offenbaren würden. Es scheint als würden Menschen mit dem Eintritt in ein Soziales Netzwerk eine neue Welt mit eigenen Gesetzen und eigener Sprache betreten.

Sind Sie sicher, dass Soziale Medien wirklich in Ihr Unternehmen passen?

Die Situation in Unternehmen heute

Die Globalisierung scheint nicht mehr aufzuhalten zu sein. Aus eigener Erfahrung kann ich fühlen und verstehen was dies im Arbeitsalltag bedeutet. Globales Arbeiten hat durchaus viele Vorteile. Einen Urlaub einfach zu verlängern und mit Laptop und Internetverbindung vom Urlaubsort zu arbeiten, Menschen aus allen denkbaren Ländern in gemeinsamen Projekten kennenzulernen, die englischen Sprachkenntnisse zu verbessern ist eine tolle Erfahrung. Über Monate bis Nachts um 2.00 Uhr zu arbeiten, Arbeitsplätze nach Indien und Osteuropa zu verlagern, völlig irritierte Kunden zu sehen, die in Projekten Muttersprachler erwarten und statt dessen Videokonferenzen mit der anderen Seite des Planeten führen, permanent über Email und Handy erreichbar zu sein, sind weniger begeisternde Seiten dieser Entwicklung. Gerade der Transfer von Arbeitsplätzen erzeugt besonders widersprüchliche Gefühle, wenn einerseits die betroffenen Mitarbeiter in Deutschland und gleichzeitig die neuen Mitarbeiter in den anderen Ländern persönlich bekannt und andererseits alles nette und hilfsbereite Kollegen sind, so kann dies besonders belastend sein.

Kleine Betriebe mit einem starken lokalen Bezug wie z. B. Handwerksbetriebe erleben dies durchaus als widersprüchlich. Die Kunden scheinen hiermit wenig zu tun zu haben, die Lieferanten jedoch agieren in unterschiedlichen Ausprägungen auf dem Weltmarkt – meistens kaufen sie bei internationalen Vorlieferanten ein und versuchen auch selber global zu liefern.

Möglich wird dies ausschließlich durch die Kommunikations- und Selbstdarstellungsinfrastruktur, die das Internet bereitstellt. Nahezu verzögerungsfreie Kommunikation, das Speichern von Informationen und Wissen im Unternehmen, Kollaborationsplattformen für die Zusammenarbeit von räumlich weit (global) verteilten Teams an gemeinsamen Dokumenten erhöhen die Geschwindigkeit von Arbeitsfortschritten und gleichzeitig die Komplexität der Zusammenarbeit.

Hier versprechen soziale Medien eine Lösung von vielen Problemen, die in der Zusammenarbeit heute bestehen.

In vielen Firmen, die bereits Jahrzehnte existieren, hat sich eine Kultur entwickelt, die von allen Mitarbeitern beeinflusst wird, sich aber in ihrem Kern am Produkt ausrichtet, dass das Unternehmen herstellt. Diese Kultur ist älter als Soziale Medien und meistens nicht international geprägt. Globales Handeln mit Lokal fokussierten Firmenkulturen erscheint schwierig.

Sind Sie sicher, dass Sie wirklich ohne Soziale Medien in Zukunft erfolgreich sein können?

Glauben Sie, dass Ihre Firma dann noch dieselbe sein wird?

Kommunikationseinfluss auf Soziale Systeme

Eine der Fragen, die sich oft stellt, ist der Grund, warum es überhaupt so viele verschiedene Kulturen und Sprachen auf der Welt gibt. Aus den Sozialwissenschaften und auch aus der Medizin gibt es dazu Theorien, aus denen sich Modelle ableiten lassen.

Eine der aus meiner Sicht interessantesten wurde von Niklas Luhmann als eine soziale Systemtheorie entwickelt. Damit lässt zwar nur begrenzt das Verhalten von Individuen vorhersagen, aber als ein grundsätzliches Rahmenwerk zum Verständnis ist es hervorragend geeignet.

Danach erschaffen sich soziale Systeme bei der Existenz geeigneter Rahmenbedingungen selbst. Für dieses Phänomen wird der Begriff der „Autopoiese" verwendet. Darstellen tun sich Soziale Systeme allein durch die Kommunikation der Teilnehmer an dem System. Da Kommunikation an sich ja sehr flüchtig ist – manchmal reicht dazu ein geschlossener Mund aus – erfordern diese Sozialen Systeme somit eine permanente Anschlusskommunikation damit das System erhalten bleibt. Soziale Systeme(Organisationen) besitzen eine Art Immunsystem um Störungen zu bekämpfen, gemeinsam vereinbarte Regeln und Normen, die die Kommunikation steuern, Schnittstellen zur Kommunikation mit der Umwelt und die Fähigkeit, sich selbst zu beobachten (Kühl 2010). Durch die Auswahl eine Referenzsystems bewerten Soziale Systeme permanent ihren eigenen Status und passen sich gegebenenfalls an. Wichtig ist zu verstehen, dass Soziale Systeme nicht produzieren außer sich selbst. Die eigene Selbsterhaltung ist der wahre innere Zweck eine Sozialen Systems. Das was in Unternehmen als Wertbeitrag bezeichnet wird, ist somit eine Art Abfallprodukt eines Sozialen Systems, dass lediglich seine Selbsterhaltung organisiert (Damit erklärt sich vielleicht auch, warum Projekte mit zunehmender Größe immer schwieriger zu beenden sind.)

Die Frage nach dem Grund für die vielen verschiedenen Kulturen leitet sich aus dem Gedanken der Autopoiese logisch ab. Wenn die Rahmenbedingung der Umwelt die Selbsterschaffung von Sozialen System ermöglichen oder sogar erzwingen, dann wäre es im Gegenteil sehr unwahrscheinlich, wenn sich unter verschieden Rahmenbedingungen identische Systeme und Kulturen bilden würden.

Eigentlich ist es sogar unmöglich.

Diese Theorien sind faszinierend und aus meiner Sicht unbedingt wissenswert genug, sie der Allgemeinbildung zuzurechnen. Berechtigt ist die Frage, welchen praktischen Wert eine solche Theorie für den Einsatz sozialer Medien in Unternehmen hat.

Welche Schlüsse lassen sich aus diesen Gedanken zum Einsatz Sozialer Medien im Unternehmen ziehen?

Das Internet und Soziale Medien sind Teil der Kommunikation. Sie beeinflussen die Art, wie Kommuniziert wird. Damit sie funktionieren, besitzen sie Regeln und Prozesse, um die Kommunikation über diese Plattform zu kontrollieren.

Eine der wichtigsten Regeländerungen ist die, dass jeder Teil der Kommunikation nichtflüchtig wird. Somit kann jederzeit(-verzögert) diese systemrelevante Anschlusskommunikation stattfinden. „Das Netz vergisst nichts" ist auch Titel einer Studie zum Umgang mit Daten in Sozialen Netzen (Hassenkamp 2010).

Diese Regeln werden zum Teil des Sozialen Systems, welches dieses Soziale Medium nutzt. Damit wird es zu einem regulierenden (Macht-)Faktor im System selbst.

Wenn eine Unternehmenskultur auch durch die Art des Umgangs und der Kommunikation miteinander definiert wird, dann ist mit diesem Ansatz ausgeschlossen, dass diese Kultur unverändert bleibt, wenn grundlegende Elemente und Regeln der Kommunikation verändert werden.

Anders gesagt: Es wäre naiv, Soziale Medien einzuführen um aktuelle Probleme zu lösen und gleichzeitig zu glauben, man würde keine neuen Problem bekommen.

Use it or lose it – Regel im Kopf

Eine der faszinierenden medizinischen Disziplinen ist die Gehirnforschung, die jährlich bahnbrechende Erkenntnisse erzielt. Die fMRT (Wikipedia 2012:2) zusammen mit anderen Verfahren erlaubt einen Blick in die Funktionsweise des Gehirns. Durch strukturierte Interviews und psychologische Testverfahren erhalten wir einen Schritt für Schritt besseren Blick in das System, das mit geschätzten 100 Mrd. bis 1 Billion Nervenzellen unsere Persönlichkeit bildet (Roth 2009).

Einige dieser Erkenntnisse sind für die Fragestellung im Zusammenhang mit Sozialen Medien besonders interessant.

Eine Erkenntnis ist, dass unser Gehirn anscheinend Probleme damit hat, Realität und Fiktion auseinander zu halten. So sehr unser Bewusstsein dies zwar beherrscht, so scheint das Unterbewusstsein hier deutlich unklarer zu sein. So zeigen Untersuchungen, dass die Vorgänge im Gehirn identisch sind, egal ob wir persönlich anwesend sind oder ob wir Fernsehen und Bilder anschauen. Sogar sehr bildhafte Beschreibungen scheinen in den Köpfen der Menschen bildgebende neuronale Prozesse auszulösen, die eine gleiche emotionale Reaktion auslösen können, wir direkte Betroffenheit. Kommunikation zwischen Menschen ist für unser Gehirn eine wichtige Methode die Wirklichkeit zu erfassen.

Damit einher geht auch die Erkenntnis, dass unser Gehirn zum Teil sehr eigenmächtige Entscheidungen trifft, ob etwas wahr oder unwahr ist. Menschen bauen auf Basis von Beobachtungen, Vorbildern, eigenen Erfahrungen und verbaler Konditionierung (Kommunikation) ein Filtersystem im Gehirn auf, dass diese Entscheidung permanent trifft. Faktisch kann keiner von uns sagen, ob die Realität die sein Gehirn auf Basis externer Reize für ihn zusammenstellt, die wahre Realität abbildet.

Aus der Position aller Werbetreibenden kann man sagen: Zum Glück ist Kommunikation so wichtig für unsere Sozialisierung, sonst würde ja Werbung nicht funktionieren (Hirschausen 2011).

Eine weitere Erkenntnis ist anscheinend die Funktion, dass unser Gehirn einige Automaten besitzt, die für das Lernen von sozialen Fähigkeiten verantwortlich und lebenslang aktiv sind. Einer dieser Automaten betrifft unser Langzeitgedächtnis. Dort sucht er in den Erinnerungen des Episodengedächtnisses nach Mustern und Regelmäßigkeiten. Sowie diese identifiziert wurden, werden sie als Wahrheiten und Regeln dem Filterset hinzugefügt und bilden fortan einen Teil der Realität die wir erleben. Da drängt sich eine Verbindung zum Luhmannschen Postulat der Autopoiese auf. Gleichzeitig aber haben wir wahrscheinlich kein forensisches Faktengedächtnis. Unser Gehirn manipuliert unsere Erinnerungen und verändert sie beim Abrufen. In verschiedenen Versuchen ist dieser Effekt beschrieben worden, interessanter Weise betrifft dies sogar Erinnerungen an früher vertretene Meinungen und Ansichten. Auch vor Gericht stehen deshalb immer wieder Zeugenaussagen auf dem Prüfstand (WDR, Kneser 2009).

Folgende Schlussfolgerungen leiten sich daraus ab:
1. Wir folgen Regeln, weil wir nicht anders können.
2. Wenn keine Regeln vorgegeben werden, erschaffen wir uns welche.
3. Soziale Systeme oder Kulturen sind die Folge dieses Effektes
4. Unser Gedächtnis kümmert sich mehr um die Erschaffung einer eigenen Realität als um Faktentreue.

Use it or lose it – Eine Funktion des Gehirns ist ebenfalls sein Umgang mit Wissen und Fähigkeiten. Nervenzellen können messen, wie viele Impulse sie weiterleiten. Wenn es viele Impulse sind, stimuliert dies weitere Zellen, sich daran zu beteiligen, bei zu wenigen kappt die Zelle irgendwann die Verbindung. Wir verlieren also Fähigkeiten die wie nicht mehr nutzen mit der Zeit (Salthouse 2006). Das Gehirn passt sich somit Veränderungen an und fokussiert sich auf das was gerade wichtig ist. Aus dem oben gesagten ergibt sich aber, dass unser Gehirn diese Entscheidung zum Teil auf unergründlichen Wegen trifft.

Als letzten Effekt möchte ich noch das Streben nach Glück erwähnen. In der US Verfassung ist das Streben nach Glück als ein Grundrecht des Menschen verankert (Jefferson 1776). Vom Erreichen ist nicht die Rede. Alle derzeitigen Erkenntnisse deuten auch darauf hin, dass die Konstruktion unseres Gehirns darauf auch nicht ausgelegt ist. Überleben und Arterhaltung ist wichtiger als das Glück des Individuums.

Also streben wir nach Glück, was in Wahrheit lediglich aus einer Veränderung der Wirklichkeitswahrnehmung besteht, die besser ist als vorhergesagt. Dann werden wir mit entsprechenden Hormonen belohnt. Wenn wir es dann erreicht haben, werden wir Opfer unserer Gehirnkonstruktion. Besser als vorgesagt funktioniert nicht mehr (Glück erreicht), damit bleibt die hormonelle Belohnung aus (= wir sind unzufrieden) (Hirschausen 2011).

Auswirkungen Sozialer Medien

Aus den oben angeführten Ansätzen lassen sich für die Einführung sozialer Medien direkte Auswirkungen und Szenarien ableiten.

Die „Nichtflüchtigkeit" von Kommunikation durch das Speichern und Wiederabrufen gab es schon früher. Ein Beispiel davon halten Sie gerade in Ihren Händen – Bücher. Allerdings waren Bücher – auch dieses in Ihren Händen – das Ergebnis einer langen Vorarbeit und Qualitätssicherung. Eine Zielgruppe wurde identifiziert, die Sprache und der Inhalt entsprechend aufbereitet und das Buch dann gegen Geld verkauft. In Sozialen Medien gelten diese Gesetze derzeit nicht. Jeder schreibt, wie und was er möchte und hat selber eventuell keine Kontrolle mehr über den Inhalt. Selbst wenn er ihn löscht, kann er immer noch vorher kopiert oder zitiert werden. Das ist in mehrfacher Hinsicht problematisch:

1. Potentielle Führungskräfte von morgen sind nicht vor Fehlern im Heute gefeit. Menschen entwickeln sich und ihre Realitätsfilter weiter. Es ist potentiell gefährlich, wenn sich in einigen Jahren eine Führungskraft mit Karriereproblemen konfrontiert sieht, die aus einem leichtfertigen Posting in einem Sozialen Medium stammen.
2. Die Qualität des Inhalts mag heute schon bei Büchern unzureichend sein – in einem Sozialen Medium ohne Redaktion wird sie es aber zwingend sein. Immerhin erhalten alle sozialen Systeme Ihres Unternehmens Zugang zur selben Plattform. Die Gefahr ist groß, dass sich dort die Leistungs- und Wissensträger zügig wieder zurückziehen, oder bei nachträglichem Einführen einer Redaktion die anderen wegen vermuteter Zensur fernbleiben.
3. Soziale Medien verändern die Art der Kommunikation. Das hat unvermeidliche Auswirkungen auf jeden Einzelnen, der sich daran beteiligt als auch auf das Unternehmen das es einführt.
   – Aus der Sicht der „Bewahrer" passiert im besten Fall nichts. Das Unternehmen hat ein IT-System mehr das Geld kostet und die Geschäftsführung amüsiert. Die (richtigen) wichtigen Personen machen dort aus Sorge um ihre Karriere (Regel im Kopf) nicht mit und der Rest ist wenigstens beschäftigt.
   – Aus Sicht der „Veränderer" wandelt sich mit dem Einsatz der Medien die Art, wie in der Firma mit Veränderungen umgegangen wird. Veränderungen werden nicht mehr als „Notwendiges Übel" sondern als Wettbewerbsvorteil gesehen. Relevante Informationen und Chroniken zu Projekten werden dokumentiert. Die existierenden Führungsstrukturen verändern sich und neue Player erhalten die Macht im Unternehmen.
4. In der Euphorie der Einführung wird kein Exit-Konzept entwickelt. Es existiert keine Regel zum Umgang mit den Inhalten. Facebook, Google + und Co sind kei-

ne Unternehmenslösungen, daher wird dort mit Daten anders umgegangen = für immer speichern. Im Unternehmen gibt es aber ein hohes Interesse, Wissen zu managen und einem Lebenszyklus zu unterwerfen. Führungspersonal muß ethisch vertretbar geschützt werden, Wissen aufbereitet und auch gelöscht werden, Unternehmensrelevante Information müssen geschützt werden. Wenn dieses überlebensnotwendige Themengebiet mangelhaft gemanagt wird, stehen dem Unternehmen interessante Zeiten bevor.

5. Wenn Sie keine Regeln und Governance vorgeben, wird sich eine solche von alleine bilden. Der Regelautomat des Gehirns und die Regel der Autopoiese erzwingen das.

6. Einmal eingeführt werden sie bleiben.

Es ist fast egal, was Sie tun – entweder enttäuschen Sie die jungen Hoffnungsträger von morgen oder Wissensträger und Machthalter von heute.

Nach den Gesetzen der Selbsterhaltung Sozialer Systeme wird sich in Zweifel eine Geschäftsführung für das „Heute" entscheiden.

Die Sozialen Medien werden gar nicht oder so beschränkt eingeführt, dass sie in der Praxis kaum nutzbar und systemunkritisch sind – im schlimmsten Fall wird sich ein Soziales Schatten-Netzwerk neben dem offiziellen herausbilden.

Bezogen auf den Titel dieses Artikels schließt sich hier der Kreis. Qualität wird laut der Norm EN ISO 9000:2005 (der gültigen Norm zum Qualitätsmanagement), als Grad, in dem ein Satz einer Einheit oder einem System innewohnenden Merkmale definierte und messbare Anforderungen erfüllt, definiert. Die Qualität gibt damit an, in welchem Maße ein Produkt (Ware oder Dienstleistung) den bestehenden Anforderungen entspricht (Wikipedia 2012:3). In sozialen Systemen und Organisationen ist die bestehende Anforderung normalerweise die Systemerhaltung. Da die Kommunikation über soziale Medien aber Veränderungen in der derzeitigen Organisationstruktur erzwingen wird, ist ihre Qualität aus systeminterner Sicht zwingend schlecht. Damit werden sich auch System-Immunisierungsprozesse zeigen mit den oben beschriebenen Folgen.

Können und sollten Sie sich nun dem Einsatz Soziale Medien entziehen?

Meine Empfehlung: Auf keinen Fall.

Meine Empfehlung ist:

1. Binden Sie Ihre IT ein und klären Sie die Abstimmung mit der Unternehmens- und IT-Strategie

2. Geben Sie nicht zu viel Geld für dieses Systeme aus. Versprechen tun alle viel, aber die Folgekosten und Auswirkungen sind schwer abzuschätzen. Soziale Medien sind derzeit ein Boom-Markt und die Wahrscheinlichkeit übervorteilt zu werden ist einfach zu groß.

3. Binden Sie den Betriebsrat mit ein, gefolgt von Sicherheit, Revision und Datenschutz.

4. Binden Sie den IT Einkauf mit ein und binden Sie sich nicht zu früh an einen Hersteller.

5. Beginnen Sie mit einer kleinen Installation und schauen Sie, wie sie akzeptiert wird.

6. Erarbeiten Sie unbedingt ein Lifecycle-Konzept für die Inhalte in Ihrem Sozialen Medium das Ihre Strategien und Ziele wirksam unterstützt.
7. Diese Sozialen Netze im freien Internet sind eigene Geschäftsmodelle und kein Maßstab für Ihr Unternehmen. Als Ideengeber sind sie geeignet, als Vorbilder nicht.
8. Lassen Sie sich beraten – nicht nur bezüglich der technischen Realisierung, sondern besonders für die Governance ihres Mediums und sorgen Sie für eine wirksame Umsetzung.

Literatur

Dörner A, Postinett A (2012) „Die Wall Street wurde an der Nase herumgeführt". Handelsblatt http://www.handelsblatt.com/finanzen/aktien/neuemissionen/facebook-boersengang-die-wall-street-wurde-an-der-nase-herumgefuehrt/6751430.html Zugegriffen: Juni 2012
Hassenkamp M (2010) Studie zu Sozialen Netzwerken: Das Netz vergißt nichts. http://www.sicherheit.info/si/cms.nsf/si.ArticlesByDocID/1110078?Open
Hirschausen E von (2011) Glück kommt selten allein, 2011, Rowohlt
Jefferson T (1776) Declaration of Independence. http://www.archives.gov/exhibits/charters/declaration.html. Zugegriffen: 10. Januar 2013
Kneser J (2009) Wie sich Augenzeugen täuschen. http://www.wdr.de/tv/quarks/sendungsbeitraege/2009/1110/003_arena_taeuschen.jsp Zugegriffen: Juni 2012
Kühl S (2010) Organisationen – eine sehr kurze Einführung. VS Verlag für Sozialwissenschaften - Springer Fachmedien Wiesbaden, Bielefeld
Roth G (2009) Aus Sicht des Gehirn (From the brains perspective); German Language. Suhrkamp, Frankfurt
Salthouse T (2006) Mental exercise and mental aging evaluation the validity of the "use It or lose It" hypothesis. perspect Psychol Sci 1(1):68–87
Wikipedia (2012:1) – Webcommunity, Volkszählungsurteil des Bundesverfassungsgerichts; 1983. http://de.wikipedia.org/wiki/Volksz%C3 %A4hlungsurteil Zugegriffen: Juni 2012
Wikipedia (2012:2) Funktionelle Magnetresonanztomographie. http://de.wikipedia.org/wiki/Funktionelle_Magnetresonanztomographie Zugegriffen: Juni 2012
Wikipedia (2012:3) Qualität. http://de.wikipedia.org/wiki/Qualität. Zugegriffen: 13. Januar 2013

Bildkommunikation: Das Ende der Sprache im Social Web

7

Björn Eichstädt und Katrin Kuch

Einführung

Pinterest und Instagram – die zwei aktuellen In-Plattformen im Social Web stellen die professionelle Kommunikation vor ganz neue Herausforderungen. Gemeinsam ist beiden: Das Bild ist die Botschaft. Text ist dort zweitrangig, die Grenzen zwischen den Sprachräumen brechen auf. Überraschend kommt diese Entwicklung eigentlich nicht, denn der Boom visueller Kommunikation ist lediglich die konsequente Fortsetzung einer Ereigniskette: vom Lokalen zum Globalen zum Universellen. Die Konsequenz: Das Bild und das Symbol als Fluchtpunkte der Vernetzung stellen neue Anforderungen an die Kommunikation, die jenseits der babylonischen Sprachverwirrung weltweit Nutzer erreichen will. Eine schlüssige Entwicklung, die sich durch den Aufkauf Instagrams durch Facebook noch um ein Vielfaches beschleunigt hat.

„Generiert mehr Traffic als alle anderen Social Networks zusammen!" So oder so ähnlich lauteten die Headlines über den Studien und Artikeln, die Anfang 2012 die Social Media Szene fluteten, und die sich um die Plattform Pinterest drehten. Erst fiel die Bastion Google+, dann folgte Twitter (http://techcrunch.com/2012/03/08/pinterest-now-generates-more-referral-traffic-than-twitter-study/) – in seiner Fähigkeit Traffic-Ströme auf Webseiten zu leiten scheint der Buntebilderbaukasten Pinterest unschlagbar – und das bei einer geschätzten Größe von lediglich etwas über 10 Mio. Nutzern, über 90 % davon Frauen (http://techcrunch.com/2012/03/14/this-is-everything-you-need-to-know-about-pinterest-infographic/).

B. Eichstädt (✉) · K. Kuch
Storymaker, Tübingen, Deutschland
E-Mail: b.eichstaedt@storymaker.de

K. Kuch
E-Mail: k.kuch@storymaker.de

R. Leinemann (Hrsg.), *Social Media,* Xpert.press,
DOI 10.1007/978-3-642-36476-1_7, © Springer-Verlag Berlin Heidelberg 2013

Kuratieren und Produzieren

Pinterest ist vor allem ein Kuratoren-Netzwerk; eine Plattform, die es erlaubt, besonders schöne, schräge oder bunte Bilder aus dem Internet an virtuelle Pinnwände zu heften und mit anderen zu teilen. Nutzer zeigen ihr Ich durch ein buntes Kaleidoskop des persönlichen Geschmacks. Darüber hinaus hilft eine Vollintegration in die Facebook-Chronik dabei, Pinterest-Pins auch im bildärmeren Freundeskreis zu verbreiten. Und der momentane Fokus der Nutzer auf Mode und Designfotos unterstützt insbesondere E-Commerce-Unternehmen dieser Branchen bei ihrer Verkaufsmission.

Der mobile Produzenten-Bruder von Pinterest ist Instagram. Ein Netzwerk, das lange exklusiv für das iPhone existierte und es mit dieser relevanten Einschränkung auf über 50 Mio. photophile Nutzer gebracht hat. Erst seit April 2012 existiert eine Android App (deren Erfolg möglicherweise den Ausschlag für Facebook gab, sich Instagram wenige Tage nach Erscheinen der App einzuverleiben (http://www.heise.de/newsticker/meldung/Zeitung-Zuckerberg-machte-Instagram-Deal-in-zwei-Tagen-klar-1525007.html). Im Schatten der Aufmerksamkeit des Social-Media-Kommunikations-Mainstreams haben sich auf Instagram bereits seit Start des Netzwerks Ende 2010 einige Unternehmen breit gemacht, die sehr erfolgreich mit ihrer globalen Zielgruppe kommunizieren.

100.000e Follower für Kaffeehäuser und Modetrends

Bereits seit Anfang 2011 ist beispielsweise Starbucks bei Instagram aktiv (http://thenextweb.com/socialmedia/2011/05/19/10-early-adopter-brands-using-instagram/). Die etwa 700.000 Follower bekommen Community-Bilder ebenso zu sehen wie Produktfotos, CSR-Aktionen und Impressionen aus Cafés (feed://instagram.heroku.com/users/1034466.atom) – unter dem Slogan „Freshly brewed instagrams from Starbucks in Seattle". Mehrere tausend likes und Kommentare in Sprachen aus aller Herren Länder sind keine Seltenheit. Ähnlich sieht es bei Burberry aus – 430.000 globale Mode- und Fotoverrückte folgen dem Modelabel (http://web.stagram.com/n/burberry/) seit dieses ebenfalls Anfang 2011 auf Instagram erstmals den Auslöser drückte und damit in der Modebranche einen Trend setzte, dem wenig später andere folgten (http://www.shinyshiny.tv/2011/10/10_fashion_brands_to_follow_on_instagram.html). Und das sind nur die Speerspitzen der Markenaktivitäten im „Twitter für Bilder".

Doch woher kommt die Explosion von Fotos im Web? Nun: sie ist eigentlich nur der Fluchtpunkt technologischer und kommunikativer Entwicklungen. Technologisch sieht das so aus: Immer bessere Smartphones mit immer besseren Kameras stehen auf der einen Seite. Große mobile Bandbreiten auf der anderen. Spannende Foto-Apps und Bildbearbeitung irgendwo in der Mitte. Die kommunikative Entwicklung folgt andererseits der Fluchtbewegung vom Lokalen (Bsp: StudiVZ), zum Internationalen (Beispiel: Facebook), zum Globalen. Je grenzenloser die Plattformen, desto größer der Drang sich einer immer größeren Community mitteilen zu können. Was Facebook-Fanpage-Community-Manager schon lange wissen, wird hier für jeden sichtbar: Bilder überwinden deutlich besser als Texte die Sprachgrenzen. Sie werden am meisten geliked, geshared, verbreitet. Noch deutlich mehr als Videos (die wiederum häufig auf Sprache zurückgreifen, was Ihnen wieder Grenzen in der Verbreitung beschert).

Bleiwüste wird Farbdschungel

Nach der „klassischen" Social-Media-Revolution mit dem Einsatz von Twitter, Facebook und Co. – der vielen Unternehmen noch immer Probleme bereitet – steht nun also die nächste große Welle der neuen digitalen Kommunikation auf Marketing- und Online-Kommunikations-Manager zu. Die Bild-Revolution. Das Problem: bislang besteht ein großer Teil der Kommunikation (gerade auch deutscher) Unternehmen (nur in sehr visuellen Branchen ist das anders) aus gesetztem Text: Kommunikation von Unternehmen ist oft wie Kino mit schwarzer Leinwand. Bilder sind Mangelware.

Natürlich kosten professionelle Fotografen, Illustratoren, Grafiker und Filmemacher Geld, doch Sparsamkeit ist nicht der Grund für die fehlende visuelle Ebene, die sich eben nur die ganz großen Unternehmen in der breiten Kommunikation wirklich leisten. Viele Unternehmen haben schlicht keine Vorstellung davon, wie viel Potenzial jenseits der Maßnahme „Meldung" schlummert. Die Kommunikation vieler Unternehmen bleibt deshalb weit hinter ihren Möglichkeiten zurück. Dabei zeigen gerade die Like-Reaktionen auf Facebook: Bilder sprechen emotional an, sie sind weltweit verständlich und wirken sehr viel unmittelbarer als Text. Daraus ergeben sich entscheidende Vorteile gegenüber textlastiger Kommunikation.

Bilder bleiben haften

Manche Motive brennen sich in unser Hirn, in unser Empfinden regelrecht ein. Am deutlichsten wird das bei unangenehmen Darstellungen.

http://a5.sphotos.ak.fbcdn.net/hphotos-ak-ash4/374906_3081268349821_12071 96885_3400347_1032389509_n.jpg

Das hat mit den Emotionen zu tun, die Bilder selbst dann ansprechen, wenn wir unkonzentriert sind, uns gerade mit etwas anderem beschäftigen. Das heißt also auch: Wir entkommen Bildern nicht.

Und wenn wir ein amüsantes, überraschendes, niedliches, schockierendes Motiv sehen oder einfach etwas, zu dem wir einen Bezug herstellen können, dann startet der Reflex zum Weiterleiten und Mitteilen.

Selbst mittelmäßige Bilder, schlecht fotografierte und auf die Schnelle mit Photoshop bearbeitete Bilder finden sich zu Hauf in Facebook Timelines, Twitter-Feeds und Co. Denn

Bilder machen Spaß

http://www.cbc.ca/gfx/images/news/photos/2009/08/13/cgy-squirrel-brandts.jpg

Und häufig hat gerade das Unperfekte großen Zuspruch, weil es spontan wirkt und dadurch Sympathien weckt. Doch der Grat zur Peinlichkeit ist schmal und nur wenigen gelingt es, souverän mit Schnappschüssen, Skizzen oder improvisierten Grafiken aufzutreten.

Bilder schaffen Identität

Sich zu Inszenieren ist eine visuelle Kunst: Über Kleidung, Stil, Einrichtung stellt man seinen Charakter nach außen dar. Viele Unternehmen, gerade im B2B-Bereich, müssen diese Kunst erst lernen. Ein gutes Bild zu machen ist nicht trivial, doch dafür gibt es Profis. Fotografen, Filmemacher und Illustratoren widmen einen Großteil ihrer Kreativität der Frage: Wie kann ich noch besser darstellen/inszenieren? Und das bei näherer Betrachtung übrigens durchaus zu erschwinglichen Preisen.

Viel schwieriger ist jedoch die Vorarbeit: Unternehmen müssen sich überlegen, welche Bildsprache sie sprechen wollen. Eine Idee dessen muss keimen, was das Unternehmen im Kern darstellen möchte, wofür seine Produkte stehen, wie es **gesehen werden** möchte. Ein interner Leitfaden legt das bildliche „Vokabular" fest, enthält Kernmotive, Farbsymbolik, Darstellungsweisen, wiederkehrende Bildelemente.

Die Berührungsängste mit der visuellen Welt sind dennoch groß. Ist es die Angst vor Emotionen, die Bilder auslösen? Haben Unternehmen Bedenken, trivial zu wirken? Oder ist es die mangelnde Orientierung in der Welt der Bilder?

Etwas leichter tun sich Organisationen, deren Zielgruppen bereits selbst visuell kommunizieren. Der Fotoobjektivhersteller Carl Zeiss beispielsweise. Das Unternehmen betreibt neben Facebook und Twitter auch eine Flickr-Gruppe. Dort tauschen sich Fotografen über die Arbeit mit Zeiss-Objektiven aus, meist auf rein visueller Ebene, indem sie ihre besten Bilder der Gruppe vorführen. Auch ein Unternehmen wie Burberry das sehr aktiv auf Instagram agiert, weiß, dass seine Fans „sehen" wollen, wie die Kleidung und Accessoires wirken.

Doch auch im B2B-Geschäft gibt es Unternehmen die bereits sehr erfolgreich visuell zu kommunizieren. Der amerikanische Maschinen- und Technologiekonzern General Electric (http://pinterest.com/generalelectric/) beispielsweise ist mit fast 7.000 Followern bei Pinterest aktiv. Auch das IT-Unternehmen Intel postet Bilder sowohl auf Pinterest als auch auf Instagram. Auf Instagram gelingt es dem Unternehmen mittels kreativer Bildgestaltung und ungewöhnlicher Bildsprache sehr jung und modisch zu wirken. Das amerikanische CRM-Unternehmen Constant Contact nutzt Pinterest sehr intensiv um visuelles Beratungsmaterial wie Infografiken und fotografische Illustrationen zu aggregieren.

Das Image einer Marke oder eines Unternehmens ist geprägt von Bildern und den Emotionen die sie transportieren. Das gilt auch für Organisationen, die nicht einmal sichtbare Produkte haben, wie beispielsweise Unternehmensberatungen und Softwarefirmen. Deren Bildwelten liegen primär im Abstrakten, lassen sich jedoch ganz konkret darstellen, beispielsweise über „Dinge, die wir verbessern", „Mantras", „Wendepunkte", etc. Die Carousel Consultancy, eine Personalvermittlung hat auf Pinterest Boards wie „Kleidung fürs Vorstellungsgespräch", „Einzigartige Arbeitsplätze" (verrückte Büros) und „Career Inspiration" http://pinterest.com/carouselconsult/career-inspiration/. Der Hersteller von Marketing-Software Hubspot sammelt auf Pinterest neben Lesestoff (Marketing-E-Books) und Statistiken auch Lustiges rund um die Marke wie z. B. Cartoons und „Fun Orange Things". http://pinterest.com/hubspot/ Ein gutes deutsches Beispiel ist das IT-Unternehmen Datev das auf Instagram einen ansprechenden optischen Eindruck des Unternehmens vermittelt.

Ein bisschen Kreativität und das tiefe Verständnis des eigenen Unternehmens helfen, Bilder zu finden, die für sich sprechen.

Teil II
Social media in der Praxis

„In drei Jahren weg von der E-Mail" – Wie künftig in Unternehmen kommuniziert wird

8

Stefan Pieper

Wer hätte es gedacht: Manchmal muss man deutsche Philosophen des 19. Jahrhunderts zu Rate ziehen, um die Entwicklung der Arbeitsweisen in Unternehmen im 21. Jahrhunderts erklären zu können. Zwar kannten weder Georg Wilhelm Friedrich Hegel noch sein Schüler Karl Marx das Konzept von E-Mails; wenn sie kommunizierten, taten sie mittels per Hand geschriebener Briefe. Aber auch auf diesem Weg entwickelten sie bekanntermaßen erstaunliche Ideen und Theorien. Eine dieser Ideen ist die Dialektik, die in aller Kürze besagt, dass jedes herrschende Sein – beispielsweise eine Gesellschaftsordnung – den Keim seiner Überwindung bereits in sich trägt. Die Vorstellungen der beiden Denker gingen dahin, dass diese Ordnungen historisch gesehen an ihrem Erfolg zugrunde gehen und zugunsten eines besseren Systems überwunden werden, auf dem Weg der Menschheit zu einem höheren Sein.

Die Methode der Dialektik lässt sich aber nicht nur auf die Erklärung von historischen Phänomenen anwenden, sondern erstaunlicherweise auch auf die Entwicklung der Kommunikationstechnologien des 21. Jahrhundert – konkret auf die Entwicklung der E-Mail. Die E-Mail ist ein unglaublich erfolgreiches Kommunikationsinstrument, das schlussendlich an seinem Erfolg scheitert. Als 1971 die erste elektronische Nachricht von einem Rechner zum anderen verschickt wurde, dachte noch keiner daran, dass der „elektronische Brief" das Kommunikationsverhalten im professionellen und in weiten Teilen auch im privaten Bereich für die nächsten Jahrzehnte bestimmen würde. Aber das Konzept war so verlockend, dass es zu Beginn der 90er Jahre aus dem Leben und Arbeiten nicht mehr wegzudenken war. Der Service ist durch die frühe Standardisierung sehr preiswert, einfach zu bedienen und ermöglicht den globalen Versand von Informationen quasi ohne Zeitverzögerung. Die E-Mail hat die Kommunikation um ein vielfaches schneller gemacht und globalisiert.

Die Kehrseite der E-Mail ist, dass ihr massenhafter Einsatz die Verbreitung alternativer (Teil-)Lösungen verhindert hat. Die E-Mail wird heutzutage in Unternehmen und Organisationen für fast alles benutzt und zwar unabhängig davon, ob das Instru-

S. Pieper (✉)
Atos, Essen, Deutschland
E-Mail: stefan.pieper@atos.net

R. Leinemann (Hrsg.), *Social Media*, Xpert.press,
DOI 10.1007/978-3-642-36476-1_8, © Springer-Verlag Berlin Heidelberg 2013

ment für den entsprechenden Kommunikationszweck überhaupt geeignet ist. Alles was Mitarbeiter untereinander oder mit ihren externen Partnern an Informationen auszutauschen haben, machen sie über E-Mail. Textentwürfe für eine Kundenpräsentation, Rundfragen, welcher Kollege wann mit zum Mittagessen kommt oder Meinungsbildung zu einem Unternehmens-strategischen Thema – alle diese Themen werden per Mail verschickt. Dabei wurde mittlerweile vergessen, dass es sich bei der E-Mail immer noch um die Weiterentwicklung einer uralten Kulturtechnik nämlich des Briefes handelt, der als Instrument zum asynchronen Austausch von Informationen zwischen einem Sender und einem Empfänger über eine große Distanz konzipiert war. Deshalb ist heute in vielen Büros Alltag, dass ein Kollege das Telefonat mit einem anderen Kollegen mit den Worten beginnt: „Ich habe dir doch grade eine Mail geschickt, warum hast du nicht noch geantwortet?" – Eigentlich ist die E-Mail ein Instrument der asynchronen Kommunikation – ich lese und antworte auf eine E-Mail, wenn es mir zeitlich passt und nicht notwendigerweise in dem Augenblick, in dem ich sie bekomme. Dies wird jedoch häufig erwartet, wodurch der Stress im Umgang mit dem Kommunikationsinstrument steigt.

Die E-Mail ist kein Hochwasserschutz: Viele Leute ersticken bei der Arbeit fast in der Menge an E-Mails: Der IT-Dienstleister Atos hat intern berechnet, dass Mitarbeiter und besonders das mittlere Management bis zu 40 % der Arbeitszeit mit Lesen und Schreiben von E-Mails und bereits bis zu 20 % der Arbeitszeit ausschließlich mit dem Suchen von Informationen in E-Mailarchiven verbringt. Forscher haben herausgefunden, dass es 64 Sekunden dauert, bis man sich wieder auf seine Arbeit konzentrieren kann, nachdem man durch das Empfangen und Lesen einer E-Mail unterbrochen wurde. Die E-Mail ist also offensichtlich nicht das Instrument, um der permanent steigenden Informationsflut Herr zu werden – als Hochwasserschutz ist sie ungeeignet.

Die E-Mail ist geschäftsschädigend: Viele Mitarbeiter nutzen Ihren E-Mail-account als Archiv, es ist ja auch zu einfach. Vorgänge lassen sich kategorisieren und in Unterordner ablegen, es kann ein lokales Mailarchiv auf der Festplatte angelegen werden, so dass nicht einmal die Dokumente (Texte, Präsentationen etc.) extra abgespeichert werden müssen. Ich weiß dank meines Mailarchivs, wer mir wann welche Informationen geschickt habe, brauche im Zweifel kein Adressbuch mehr zu führen. Der große Nachteil ist, dass diese Informationen komplett individualisiert sind – wenn meine Festplatte defekt ist oder ich das Unternehmen verlasse, verschwinden diese Daten und Informationen. Sogar wenn mein ex-Arbeitgeber mein Mailarchiv behalten würde, wer sollte mein Ordnungssystem verstehen, relevante Informationen wiederfinden oder Daten in ein anderes Ordnungssystem überführen? Die E-Mail ist also hochgradig geschäftsschädigend, da „ihr" Wissen nur individuell und nicht kollektiv verfügbar ist.

Die E-Mail verhindert Innovationen: Immer größere Teile unserer Arbeit bestehen aus „Wissens"-Arbeit bzw. Informationsproduktion, -distribution und – aufnahme. Es wird in Unternehmen immer wichtiger, den richtigen Experten für das entsprechende Problem zu bekommen und immer häufiger ist es nicht mehr der eine Experte, der den Lösungsweg hat, immer häufiger werden die immer komplexer werdenden Probleme in Teams gelöst. Die E-Mail ist für diese Entwicklung nicht ausgelegt. Sie hat einen klaren Peer-to-Peer Ansatz, das heißt EIN Sender kommuniziert mit EINEM Empfänger. Die Möglichkeiten, an mehrere Empfänger gleichzeitig zu senden, löst dieses Problem nur scheinbar. Wenn mehrere Teammitglieder über Mail an einem Thema arbeiten, entstehen häufig E-Mail-Ketten oder die Diskussionen zerfallen in mehrere Einzelstränge, abhängig davon, wer wann auf welche E-Mail reagiert – das Ergebnis ist unübersichtlich, zeitraubend und kostentreibend. Jede Mail muss über einen Mailserver verarbeitet werden, je mehr Mails in einem Unternehmen verfasst werden, desto mehr Server werden benötigt. Kooperatives Arbeiten benötigt kooperative Kommunikationsinstrumente. Welche das sind, dazu später mehr.

Anzahl neuer E-Mails = Null

Atos hat im Januar 2011 angekündigt, innerhalb von drei Jahren auf die E-Mails in der internen Zusammenarbeit komplett zu verzichten. Ab 2014 werden Mails nur noch an externe Partner geschickt, intern wird es keine Kommunikation mehr mittels dieses Instrumentes geben. Diese Ankündigung hat eine starke öffentliche Diskussion nach sich gezogen – die Kommentare reichten von „Endlich" bis zu „Die sind ja verrückt". Viele Leute, das ergab eine Analyse der Diskussionen, wissen zwar um die Schwächen der E-Mail, können sich aber nicht vorstellen, dass es andere Instrumente gibt, die sie ersetzen. Hieraus hat Atos die Erkenntnis gezogen, dass es sich bei dem „Zero E-Mail" Projekt in erster Linie um ein „Change" Projekt, also um die Änderung eingeschliffener Handlungsweisen geht. Die einzelnen Instrumente, die sich statt E-Mails nutzen lassen, sind ja bereits seit längerer Zeit vorhanden, setzten sich aber nicht durch. Daher gilt es im ersten Schritt, Regelung zu entwickeln, besser mit der E-Mail zu arbeiten und sukzessive die alternativen Instrumente in den Arbeitsablauf zu integrieren.

Die von Atos formulierten Regeln sind insgesamt auch nicht neu, teilweise verblüffend einfach, aber in dieser Konsequenz wohl in den wenigsten Unternehmen bereits umgesetzt.

Regel 1: CC ist wie Spam

Eines der Grundprobleme bei E-Mails ist es, dass ich mit wenigen Maus-Klicks Informationen an unglaublich viele Kolleginnen und Kollegen verschicken kann. Besonders beliebt ist das „CC"-Feld, also jemanden einen Text nicht direkt, sondern „in Kopie" schicke. Normalerweise bedeutet das, dass der „kopierte" Kollege nicht direkt etwas tun muss, sondern nur die Information bekommt, dass etwas getan wird. Sehr gerne wird der eigene Chef oder der Chef des angeschriebenen Kollegen „in Kopie" genommen mit der impliziten Aussage: „Siehe her, lieber Kollege, dein / mein Chef weiß Bescheid". Aber auch Fachexperten erhalten viele E-Mails dieser Art, in der Hoffnung, dass sie intervenieren, wenn etwas fachlich nicht richtig abläuft. Besonders schwierig wird es, wenn zwei Akteure sich per Mail unterhalten und per „Antwort an alle" die Kollegen in Kopie an den teilweise sehr detaillierten Diskussionen teilhaben lassen. Das Ergebnis dieses Verhaltens ist es dann aber nicht, dass alle Beteiligten besser über das Thema Bescheid wissen, sondern dass die Chefs und Fachexperten oftmals die Übersicht verlieren und die wichtigen von den unwichtigen E-Mails nicht mehr trennen können.

Daraus abgeleitet sind alle Mitarbeiter aufgefordert, sich genau zu überlegen, wer welche Information bekommen soll. Wenn ein Kollege oder Vorgesetzter über einen Vorgang informiert werden muss, dann hat der Absender sicherzustellen, dass diese Person die Informationen auch aufnimmt. Bislang herrscht noch in weiten Teilen die Mentalität vor, dass der Empfänger für die Aufnahmen der Information verantwortlich ist („Ich habe es dir doch geschickt"). Im Zeitalter der massenhaften Information funktioniert das nicht mehr. Ein Ergebnis dieser Entwicklung ist übrigens, dass ein Teil der Steuerung von Arbeitsvorgängen vom Vorgesetzten auf den Bearbeiter verlagert wird. Der Bearbeiter eines Vorgangs gewinnt ein Stück Informationshoheit, da er entscheidet, welche Information wie an die Vorgesetzten Stellen weitergeleitet wird. (Zum Thema Kulturwandel ohne E-Mail später mehr.)

Regel 2: Für jede Aktion gibt es eine Reaktion

Newtons drittes Gesetz (das Reaktionsprinzip) lässt sich vereinfacht auch auf die E-Mail anwenden: Normalerweise zieht jede gesendete E-Mail eine Reaktion nach sich, sehr häufig in Form einer Antwort per E-Mail. Also lässt sich sagen: „Je mehr E-Mails ich schicke, desto mehr E-Mails bekomme ich". Um aus diesem Kreislauf auszubrechen, gilt es wieder, sich an jeder Stelle die Frage zu stellen, ob der gewünschte Informationsaustausch unbedingt per Mail stattfinden soll. Hiermit in Verbindung steht dann:

Regel 3: Die E-Mail ist nicht das Instrument, das allen Erfordernissen dient

Wie bereits oben erwähnt, gibt es mittlerweile eine große Anzahl an alternativen Technologien, mit deren Hilfe sich Informationen austauschen lassen. Plattformen zum gemeinsamen Zugriff auf Dateien, Chat-Systeme, Blogs und Microblogs, Videokonferenzen oder Wikis. In vielen Unternehmen sind bereits einige dieser Instrumente verfügbar, genutzt werden sie aber kaum flächendeckend. Aber auch wenn ein Unternehmen keine dieser Instrumente zur Verfügung stellt, zwei Möglichkeiten sollten in modernen Unternehmen und Organisationen immer bestehen: Das Telefon und die persönliche Besprechung. Daher sollte sich jeder Mitarbeiter die Frage stellen: „Muss ich diese E-Mail an den Kollegen gegenüber schicken, oder kann ich nicht vielleicht auch hingehen und mit ihm sprechen?"

Regel 4: Lies jede E-Mail nur einmal!

Eine verblüffend einfache Regel zum besseren Umgang mit E-Mails ist die Idee, jede E-Mail nur einmal zu lesen und direkt zu entscheiden, was zu tun ist: Löschen, Delegieren, Abspeichern, direkt bearbeiten (wenn es nicht zu lange dauert), oder auf die To-Do-Liste beziehungsweise in den Kalender zu schreiben. Sehr häufig passiert es, dass eine Mail im Posteingangsfach mehrmals geöffnet wird und der Leser jedes Mal zum selben Ergebnis kommt, ohne es direkt zu tun (der Autor weiß wovon er schreibt). Durch ein sofortiges Abarbeiten der E-Mailkorrespondenzen lässt sich die Informationsflut zwar nicht dauerhaft bekämpfen, aber zumindest etwas eindämmen. Kombinieren lässt sich diese Verhaltensweise mit dem Tipp, das E-Mail-Programm nicht permanent geöffnet zu haben, sondern sich bestimmte Zeiten zum Abrufen und Bearbeiten von E-Mails zu setzen.

Kultureller Wandel

Mittels dieser Regeln und einer Liste von weiteren Tipps & Tricks hat es Atos nach der Ankündigung der Zero-E-Mail Initiative im Februar 2011 geschafft, in einigen Bereichen das E-Mail-Aufkommen bereits um bis zu 30 % zu reduzieren. Diese Regeln sind – das ist sehr wichtig für den zu erzielenden kulturellen Wandel – nicht verpflichtend. Es handelt sich um Angebote, denn das Ergebnis soll schließlich nicht sein, dass eine Technologie durch eine andere ersetzt wird, sondern das Ergebnis soll sein, dass der Wissens- und Informationstransfer im Unternehmen effizienter gestaltet wird, beziehungsweise erst wieder richtig ermöglicht wird. Der entscheidende Faktor – etwas despektierlich ausgedrückt – sitzt wie so häufig vor dem Bildschirm.

Die Regeln müssen ihren Mehrwert beweisen, und da das Ziel die Verbesserung der Effizienz der internen Kommunikation bedeutet, nehmen viele Kolleginnen und Kollegen die Hilfestellungen bereitwillig auf. Künftig wird bei Atos mit einem Set von unterschiedlichen Instrumenten gearbeitet, ausgerichtet an den jeweiligen unterschiedlichen Anforderungen an die Kommunikation. Dies können Chats, Wikis, gemeinsame Plattformen und weitere Mittel sein.

Derzeit (Stand September 2012) arbeitet das Projektteam daran, die Arbeitsprozesse so zu konzipieren, dass sie E-Mail-frei durchgeführt werden können. Im nächsten Schritt wird ein Enterprise Social Network installiert, über das die Nutzung der unterschiedlichen Kommunikationswege gesteuert werden kann. Der Einsatz dieser neuen Technologie wird die Kommunikations-Kultur bei Atos noch weiter verändern. Wie bereits erwähnt, verschiebt sich die Kommunikationshoheit durch den bewussteren Einsatz von E-Mails bereits ein wenig vom Empfänger zum Sender. Dies wird durch den Einsatz speziellerer Kommunikationslösungen noch weiter getrieben. Besonders das mittlere Management ist in viel stärkerem Maße gefordert, sich die notwendigen Informationen selbst zu beschaffen („Pull" statt „Push" Ansatz). Wenn auf einer gemeinsamen Plattform beispielsweise ein Entwicklerteam an einem Dokument arbeitet, dann werden nicht automatisch die Vorgesetzten in den Informationsfluss einbezogen. Wenn sie eine Statusmeldung zum Stand des Projektes haben wollen, müssen sie künftig aktiv auf die gemeinsame Plattform gehen. Gleiches gilt für die Teilnahme an Gruppen, die Informationen und Dokumente austauschen. Der Nachteil ist natürlich, dass es weniger Automatismen gibt für Manager, über die Arbeit ihrer Mitarbeiter informiert zu sein. Der große Vorteil ist jedoch, dass die Manager die Informationen aber dann auch aufnehmen, da sie sie ja aktiv beziehen. Das bedeutet, dass künftig nicht nur der Sender mehr Verantwortung bekommen, sondern auch der Empfänger. Das letztliche Ziel ist es also, dass beide Pole in der Kommunikation durch bewussteres Verhalten effizienter mit Informationen umgehen.

Das Projekt „Zero E-Mail" befindet sich derzeit (Stand September 2012) etwa in der Halbzeit. Im Laufe der nächsten Monate wird das Enterprise Social Network eingeführt und den Mitarbeitern zugänglich gemacht. Hiernach wird aber der E-Mail-Client nicht abgestellt, wie man vielleicht vermuten könnte. Zwar lassen sich die meisten Kommunikationsbedürfnisse ohne E-Mail durchführen, in einigen Bereichen bleibt das Instrument allerdings unersetzlich. Einerseits wird es auch weiterhin Unternehmensoffizielle Kommunikation per E-Mail geben (z. B. „Brief der Geschäftsleitung") und die Kommunikation mit externen Kunden und Partnern wird weiterhin über E-Mail funktionieren müssen, da bislang kaum ein Unternehmen neben Atos diesen radikalen Weg der Umgestaltung des Wissensmanagements geht. E-Mail – zumindest bei Atos – wird also künftig ein Kommunikationsinstrument unter vielen sein.

Im Schatten der erfolgreichen E-Mail wachsen derzeit Generationen von künftigen Mitarbeitern und Managern heran, für die der Umgang mit sozialen Medien natürlich und selbstverständlich ist und in deren Kommunikationsverhalten E-Mails überhaupt nicht mehr vorkommen. Aus diesem Grund kann man davon ausgehen, dass das Beispiel von Atos Schule machen wird und im Laufe der Zeit alle Unternehmen ihr Kommunikationsverhalten ändern werden. Für die künftigen Generationen wird die E-Mail vermutlich in nicht allzu langer Zeit ein kurioses und umständlich zu bedienendes Instrument sein. Ein Instrument, was eigentlich gar nicht mehr in die Arbeitsabläufe passt, so wie es beispielsweise das Faxgerät heute ist.

So erfüllt sich dann – um mit Hegel zu sprechen – der historische Zweck der E-Mail und der Weltgeist zieht weiter.

Social Security – Gefahren auf Facebook & Co

9

Drum prüfe, wer sich verbindet ... - Social Networks sicher nutzen

Heidi Schall

Einführung

Mat Honan ist Journalist. Er schreibt für Gizmodo und Wired. Er kennt sich aus im Internet, ist Social Media-affin und mit rund 20.000 Twitterfollowern eine bekannte Größe im Social Web. Mat erlebte am 3. August 2012 den Albtraum aller „Digital Residents". Innerhalb nur einer Stunde zerstörten Hacker sein komplettes digitales Leben. Ihr Ziel: Sie wollten seinen Twitter-Account übernehmen und seine Reputation schädigen – einfach so. Aus Spaß. Auf dem Weg dahin stahlen Sie seine Apple-ID, kaperten seinen Amazon- Account und löschten alle Daten auf seinem Mac und seinem iPhone.

Knapp die Hälfte der Unternehmen in Deutschland nutzt inzwischen Social Media für die Unternehmenskommunikation und weitere 15 % planen den Einsatz, so eine aktuelle BITKOM- Studie[1] (siehe http://www.bitkom.org/files/documents/ BIT_SozialMedien_Download.jpg). Nur größere Unternehmen stellen dafür jedoch auch entsprechend geschultes Personal bereit. Die Geschichte von Mat Honans ‚Epic Hacking'[2] sollte zur Pflichtlektüre aller IT-Verantwortlichen, Social Media Manager und -Nutzer werden. Denn sie veranschaulicht auf drastische Weise, warum klassische IT-Sicherheitsmechanismen im Social Web nicht mehr ausreichend greifen.

Was war passiert? Kurz gesagt, öffnete eine Kombination aus eigener Nachlässigkeit, fehlerhaften Sicherheitskonzepten auf Unternehmensseite und manipulierbaren

[1] http://www.bitkom.org/de/presse/8477_72123.aspx
[2] http://www.wired.com/gadgetlab/2012/08/apple-amazon-mat-honan-hacking/all/

H. Schall (✉)
m2m Relations, München, Deutschland
E-Mail: hschall@m2mrelations.de

R. Leinemann (Hrsg.), *Social Media*, Xpert.press,
DOI 10.1007/978-3-642-36476-1_9, © Springer-Verlag Berlin Heidelberg 2013

47

Mitarbeitern den Hackern Tür und Tor. Mat Honan – das gibt er selbst zu – war nachlässig beim Backup seiner Daten und bei der Sicherung seines E-Mail-Accounts. Das wichtigste Einbruchswerkzeug erhielten die Hacker aber durch sogenanntes Social Engineering, also das Austricksen der Mitarbeiter in der Kundenhotline von Amazon und Apple. Fatale Unterschiede in den Sicherheitskonzepten der beiden Unternehmen spielten ihnen zudem perfekt in die Hände. Während Amazon aus Sicherheitsgründen nur die letzten vier Ziffern der Kreditkartennummer einblendete, dienten Apple eben diese vier Ziffern zur Identifizierung und zur telefonischen Passwortänderung des iTunes-Kontos. Auch wenn diese Sicherheitslücke inzwischen geschlossen wurde, die Geschichte von Mat Honan zeigt, dass die Funktionsweise des Social Web an sich ein bisher nur schlecht adressiertes Sicherheitsrisiko birgt.

Im Wesentlichen sind es drei Faktoren, die das Social Web vom klassischen Internet unterscheiden und neue Einfallstore für Internetkriminelle liefern: die starke Vernetzung, hohe Mobilität und gefühlte menschliche Nähe. Gemeinsam liefert dies ein ideales Biotop für Identitätsdiebstahl, Reputationsschädigung, Phishing oder Social Engineering.

Sign in with Twitter: Fluch und Segen der Vernetzung

Sinn und Zweck von Social Media und sozialen Netzwerken ist die Vernetzung. Ob Partner, Kunden oder Meinungsmacher, so genannte Influencer, Ziel ist es, sich mit ihnen zu verbinden und auszutauschen. Das erfordert nicht nur eine gewisse Offenheit, sondern auch zunehmend die Präsenz auf vielen verschiedenen Plattformen, die wiederum effizient verwaltet werden wollen. Eine Flut an Automatisierungs-, Monitoring und Verwaltungstools kann hierfür mit den Netzwerken verknüpft werden. Jeder verknüpften Anwendung gibt der Nutzer aber auch Zugriff auf bestimmte – unter Umständen sensible – Daten. Zudem handelt es sich in der Regel um Cloud-Anwendungen, die sich außerhalb der eigenen Sicherheitsinfrastruktur befinden.

In diesem Umfeld bekommt ein Dauerproblem der IT-Sicherheit zusätzlich neue Brisanz: das Passwort. Laut einer Untersuchung der Universität Cambridge[3] ist das beliebteste Passwort weltweit „123456". In der Wirtschaftswelt rangiert „password1" auf Platz 1 gefolgt von „welcome". Das ist ungefähr so sinnvoll, wie den Schlüssel unter dem Schuhabstreifer zu deponieren, aber leider gängige Praxis. Je mehr Anwendungen genutzt werden, desto häufiger werden zudem immer dieselben Passwörter verwendet. Vom risikoreichen Speichern und Teilen der Passwörter im Team ganz zu schweigen.

Um der Passwortflut Herr zu werden, greifen viele Nutzer gerne auf das Login mit dem sogenannten OAuth-Verfahren zurück (siehe dazu Abb. 9.1). OAuth ist ein

---

[3] http://www.handelsblatt.com/technologie/it-tk/it-internet/it-sicherheit-das-gefaehrlichste-passwort-der-welt/3536336.html?slp=false&p=4&a=false#image

Abb. 9.1 Praktisch, aber gefährlich: Mit OpenID oder OAuth lässt sich das Passwort eines Accounts für den Login in anderen Netzwerken oder Administrationstools nutzen

offenes Protokoll das eine standardisierte API-Autorisierung ermöglicht. Kurz gesagt, kann der Anwender mit den Logindaten eines Dienstes auch auf andere Dienste zugreifen und zum Beispiel seinen Twitter-Login für den Zugriff auf Wunderkit verwenden oder auf Spotify mit seinen Facebook-Passwort einchecken. Was den Nutzer entlastet, sorgt auf der Sicherheitsseite im Ernstfall für einen Flächenbrand. Denn wurde ein Account geknackt, hat der Hacker nun freien Zugriff auf viele andere Anwendungen. (Siehe dazu auch Abb. 9.2)

Bei der Fülle der Anwendungen und Netzwerke verliert man zudem leicht den Überblick darüber, welche Daten wo hinterleget wurden. Sammelt ein Angreifer alle Angaben aus sämtlichen Plattformen, ergibt sich oft ein sehr umfangreiches Profil einer Person, Organisation oder Unternehmen, das unter Umständen Rückschlüsse auf Passwörter zulässt oder Informationen für eine Kontowiederherstellung preisgeben kann.

Die starke Vernetzung beschleunigt zusätzlich die Verbreitung von Malware und Spam. Betrügerische Nachrichten gehören auf Social Media-Plattformen inzwischen zur gängigen Praxis von Spammern. Getäuscht durch Versprechungen von Gutscheinen oder Gewinnen werden die Nutzer selbst zu Handlangern und verbreiten die Nachrichten in Windeseile an ihre Freunde, die in gutem Glauben auf infizierte

Abb. 9.2 Verknüfte
Anwendungen helfen bei
Monitoring, Verwaltung und
Pflege der Netzwerke. Sie
haben dadurch aber auch oft
Zugriff auf sensible Daten

Links oder Apps klicken. Das Gute im Schlechten: Warnungen vor Malware und Hacks verbreiten sich durch die Nutzer ebenso schnell – aber für viele eben dennoch oft zu spät. Eine Grundregel gilt hier mehr denn je: Was zu gut klingt, um wahr zu sein, ist es in der Regel auch.

Was machst du gerade? – Gefahren durch das Hier und Jetzt

Eine weitere Besonderheit der sozialen Netzwerke ist die Kommunikation in Echtzeit. Das Gefühl live, vor Ort und hinter den Kulissen dabei sein zu können, macht den besonderen Reiz dieser Plattformen aus. Rund 30 % der Social Media-Nutzer sind laut Comscore via mobilem Internet mit ihren Freunden und Followern in Verbindung. Tendenz steigend. Auch auf Unternehmensseite werden die sozialen Kontakte zunehmend über mobile Geräte wie Smartphones oder Tablets gepflegt. Seien es die Statusmeldungen von der Konferenz oder das Twitter-Foto von der Messe, nicht alle Mitarbeiter nutzen dafür unternehmensinterne Geräte. Die Nutzung privater Endgeräte am Arbeitsplatz, bekannt unter dem Begriff „Bring your own device" (BYOD), nimmt stetig zu.

Doch selbst firmeninterne Geräte sind nicht automatisch sicherer. Die Bedrohung durch die Nutzung mobiler Endgeräte steht auf der Sorgenliste der

IT-Verantwortlichen ganz oben. Laut einer Umfrage von Checkpoint Software[4] glauben 76 % der Unternehmen, dass mobile Endgeräte in den vergangenen beiden Jahren zu einer Zunahme an Sicherheitsvorfällen in ihrer Organisation beigetragen haben. Das Problem: Sowohl das Gerät, als auch die Verbindung muss sicher sein. Wer unterwegs postet und interagiert, tut dies außerhalb des firmeneigenen Netzes und unter Umständen über ein ungesichertes WLAN. Die Geräte selbst benötigen neben einem Schutz gegen Malware auch entsprechende Maßnahmen gegen Diebstahl wie eine Codesperre und Remote Wipe. Am allermeisten benötigen sie aber das entsprechende Sicherheitsbewusstsein auf Seiten der Nutzer.

Fatal sozial: Warum menschliche Nähe und Technik sich nicht vertragen

Das gilt erst recht beim Social Engineering, dem auch Mat Honan zum Opfer fiel. Bei Hackern gilt dieses Vorgehen mittlerweile als die effektivste Methode, um an vertrauliche Daten zu gelangen. Social Engineers nutzen falsche Identitäten und im Grunde positive menschliche Eigenschaften aus – zum Beispiel den Wunsch schnell und unbürokratisch zu helfen – um an vertrauliche Daten zu gelangen. Besonders attraktiv sind für Social Engineers auch die sozialen Netzwerke. Wie effektiv diese Methode sein kann, zeigte der US-Sicherheitsexperte Thomas Ryan schon 2009 mit seiner Kunstfigur Robin Sage. Als falsche Internetschönheit stellte er über soziale Netzwerke wie Facebook oder LinkedIn Kontakte zu Militärs, Industriellen und Politikern her und verleitete sie zur Preisgabe vertraulicher Informationen. Was in diesem Testfall für die Betroffenen lediglich peinlich war, kann im Ernstfall ein Unternehmen ruinieren. Klare Social Media Richtlinien sind für jedes Unternehmen daher absolute Pflicht. Aber nicht nur die Hilfsbereitschaft der Mitarbeiter, auch mangelnde Rechtskenntnisse stellen eine Gefahr für das Unternehmen dar. Wer auf sozialen Netzwerken postet, verlinkt und Bilder und Daten online stellt, muss mit Copyright- und Datenschutzrecht vertraut sein und dafür Sorge tragen, dass die Daten, die er von seinen Fans und Followern erhebt und speichert entsprechend geschützt sind. Denn wer hier die Rechte Dritter verletzt, schädigt nicht nur die Reputation des Unternehmens, sondern muss unter Umständen auch mit empfindlichen Geldbußen rechnen.

Zugänge, Software, Inhalte, Menschen – die 4 Faktoren der Social Security

Hätte Mat Honan eine 2-Faktor-Authentifizierung für seinen E-Mail-Account eingerichtet, wahrscheinlich wäre an diesem 3. August 2012 gar nichts passiert. Bei der 2-Faktor-Authentifizierung benötigt der Kontobesitzer für das Login oder die

---

[4] http://www.computerwoche.de/management/it-strategie/2503740/

Kontowiederherstellung nicht nur ein Passwort, sondern auch einen Einmalcode, der per SMS oder App auf ein Handy geschickt wird. Wird also das Passwort gehackt, nutzt es dem Angreifer nichts, solange er nicht im Besitz des entsprechenden Mobiltelefons ist.

Auch sollten Updates von Anwendungen, Browser und Betriebssystem sofort installiert werden, um mögliche Sicherheitslecks schnellstmöglich zu stopfen. Eine ständig laufende Internet-Security Suite mit Echtzeit-Scan ist absolute Pflicht. Diese hilft aber nicht gegen das Ausspähen von Daten durch verknüpfte Anwendungen. Daher sollte man auch alle zugriffsberechtigten Tools regelmäßig ‚entrümpeln' und nur vertrauenswürdige Anwendungen zuzulassen, die man tatsächlich nutzt.

Neben der Gefahr des Missbrauchs der Social Media Präsenzen besteht auch die – oft übersehene – Gefahr, die dort gespeicherten Inhalte zu verlieren. Entweder durch technische Defekte oder mutwillige Zerstörung. Wenn die Inhalte nicht schon vor der Veröffentlichung gespeichert werden, sollten sie also regelmäßig heruntergeladen und gesichert werden. Und natürlich sollte schon bei der Veröffentlichung der Informationen größte Um- und Vorsicht gelten. Wer regelmäßig seinen Namen oder bestimmte, mit dem Unternehmen verbundene Stichworte googelt, bekommt einen Eindruck davon, was potentielle Kriminelle ohne Mühe in Erfahrung bringen können.

Der wichtigste Punkt aber ist die intensive Schulung und Sensibilisierung der Mitarbeiter. Sie sind im Social Web der Dreh- und Angelpunkt. Ihre Professionalität ist damit auch der wirksamste Schutz für Unternehmen. Aktuelle und verständliche Social Media Guidelines, Aufklärung über Sicherheitsrisiken und Schulung zu rechtlichen Grundlagen sind daher eine absolute Notwendigkeit.

Die wichtigsten Social Media Sicherheits-Tipps:
- Schulung und Sensibilisierung der Mitarbeiter bzgl. Sicherheitsrisiken, Gefahren des Social Engineering sowie Copyright und Datenschutzrichtlinien.
- Aktuelle und verständliche Social Media Guidelines für alle Mitarbeiter.
- Security Suite mit Echtzeitscan
- Ausreichender Schutz mobiler Unternehmenshardware und privater Endgeräte gegen Malware und Verlust.
- Dedizierte und sichere Passwörter für jede einzelne Anwendung.
- Regelmäßige Änderung der Passwörter sowie sichere Aufbewahrung und Weitergabe.
- Wo immer möglich Zugang/Kontowiederherstellung mit 2-Faktor-Authentifizierung.
- Regelmäßige Updates von Betriebssystem, Browser und Anwendungssoftware.
- Regelmäßige Überprüfung der Anwendungen, die Zugriff auf Plattformdaten haben.
- Regelmäßige Sicherung und Prüfung der auf den Netzwerken veröffentlichten Inhalte.

Social media @ IT Governance

10

Carsten Nazet

IT has been the longest running disappointment in business in the last 30 years!
Jack Welch, Chairman, General Electric, World Economic Forum Davos 1997

Einleitung

Bevor wir in diese Thematik einsteigen, möchte ich Sie einladen, ein paar Fragen zu beantworten. Machen Sie das bitte schriftlich und wenn Sie mögen, legen Sie sich diese Fragen im Kalender auf jährliche Wiedervorlage. Dann haben Sie das Vergnügen, Ihre Antworten mit den Vorjahren zu vergleichen.

Nun zu den Fragen:

1. Ist Ihre IT kostengünstig und hat Geld für Innovationen und Versuche zur Verfügung?
2. Ist Ihre IT zu teuer und steht unter permanentem Sparzwang?
3. Wie ist das Verhältnis zwischen Fachbereichen und IT gemanagt?
4. Wer ist der Ansprechpartner für die Fachabteilungen?
5. Wie werden die Anforderungen aufgenommen und dokumentiert?
6. Wie schnell reagiert Ihre IT auf Ihre Anforderungen?
7. Wie zufrieden sind Sie mit den Ergebnissen?
8. Wie glauben Sie, werden Sie von Ihrer IT gesehen?
9. Gibt es in Ihrem Unternehmen eine IT Governance, die sie kennen?
10. Wenn ja: Woran ganz genau machen Sie das fest?
11. Was ist IT Governance?

C. Nazet (✉)
Bonn, Deutschland
E-Mail: cnazet@t-online.de

R. Leinemann (Hrsg.), *Social Media,* Xpert.press,
DOI 10.1007/978-3-642-36476-1_10, © Springer-Verlag Berlin Heidelberg 2013

Was ist IT Governance ?

Diese letzte Frage ist so wichtig für alle größeren Unternehmen dieser Welt, dass sich genau zu diesem Thema unglaublich viel Literatur finden lässt. Unter www.isaca.org und www.itil.org finden sich mit dem COBIT Framework und der ITIL V3 die international anerkanntesten Konzepte, wie IT gesteuert und betrieben werden kann.

Grundsätzlich kann der Begriff „to govern" übersetzt werden mit „die Art und Weise kontrollieren oder mindestens beeinflussen, wie etwas geschieht oder getan wird." In der ISACA Definition beschreibt IT Governance nicht nur die Art, wie Verantwortlichkeiten verteilt und Entscheidungen gefällt werden, sie beschreibt auch, wie begrenzte Ressourcen und Mittel in der IT für Geschäftszwecke verwendet werden.

Somit ist IT-Governance kein monolithisch definiertes Produkt oder Konzept, sondern ein unternehmensindividuell konfiguriertes Paket aus Regeln, Führung, Organisationsstrukturen und Prozessen, die sicherstellen sollen, dass die IT als Gesamtorganisation nachweislich und messbar die Unternehmensstrategie und deren Ziele unterstützt, nötige Optimierungsinvestitionen getätigt und ein wirksames Risiko und Change Management betrieben werden (Serview GmbH 2012). Damit findet sich IT-Governance im Org-Chart von Unternehmen meist direkt unterhalb des Vorstandes.

Die konkrete Arbeit einer IT-Governance Abteilung ist innerhalb eines Unternehmens aber nicht immer direkt für jeden Mitarbeiter spürbar.

Die Worte „kontrollieren" und „beeinflussen" stellen in der Praxis die IT Organisationen von Unternehmen vor sehr große Herausforderungen, ohne dass dies im Unternehmen selber so transparent wird. In der IT Praxis stellen sich viele Herausforderungen komplexer dar als gedacht. Die Ursachen hierfür sind vielfältig, ich möchte daher drei der Wichtigsten hier kurz ansprechen:

1. Rechenzentrumsbetrieb

   Aus Sicht von Anwendern sind Rechenzentren etwas, das dafür sorgt, dass der Webbrowser etwas anzeigt oder die SAP-GUI funktioniert. Tatsächlich hat sich in den letzten 10 Jahren die Serverleistung und auch die elektrische Leistungsaufnahme von Servern verzehnfacht, während die Servergehäuse selber durch die Einführung des Bladeformat gefünftelt wurden. Das heißt, dass ein einzelner Serverschrank mit Servern bestückt werden kann, die eine Leistungsaufnahme von > 20 kW haben. Aus einer reinen thermodynamischen Sicht sind Computer nichts anderes als Elektroheizungen, die kaputt gehen, wenn man sie nicht kühlt (Schmidt und Schwalfenberg 2008). Somit müssen die beispielhaften 20 kW Leistungsaufnahme der Server auch wieder abtransportiert werden. Die wäre im Winter theoretisch durch das öffnen der Fenster zu machen – im Sommer braucht man eine Klimaanlage die mehr als 20 kW benötigt. Aktuell sind allein die Stromkosten über die Lebensdauer eines Servers höher als die Anschaffung der Hardware.

   Große Rechenzentren haben mehr als zehntausend Server (z. B. Strato), allein Google verbraucht 260 MegaWatt für ein Rechenzentrum mit Kühlung. Nach dem jahrelangen Trend, die immer leistungsfähigeren Arbeitsplatzrechner zu nutzen, werden nun durch Sicherheitsbedenken, Virtualisierung und Cloudcomputing wieder Lasten in die Rechenzentren verlegt. Darauf sind existierende Rechenzentren oft auch von der Bausubstanz nicht ausgelegt. Also befasst sich auch eine IT Organisation permanent mit Energiesparmaßnahmen, Umzugsplänen in modernere Gebäude, Outsourcing-Maßnahmen, Umbau an den Gebäuden. Dies kann auch je nach Situation die Einführung neuer Services beeinflussen, wenn kein Rechenzentrumplatz mehr verfügbar ist.

2. Der Betrieb der historischen IT Systeme und Anwendungen:
   Solche finden sich fast in allen Unternehmen (manche haben informelle Namen bekommen z. B. Loch Ness o. ä.), meistens sind es selbst entwickelte oder massiv angepasste Systeme, die einen firmenkritischen Prozess unterstützen z. B. CRM, IP Nummernvergabe, Lagerverwaltung. . . Diese Systeme sind häufig nicht Windows 7/Server 2008 fähig, lassen sich nur aufwändig virtualisieren, basieren auf Programmiersprachen für die es keine Entwickler < 60 Jahre gibt und sind für die Weiterentwicklung der IT Infrastruktur ein großes technisches und finanzielles Problem.
   Zudem sind sie auch oft firmenintern ein politisches Problem, da sich hier häufig Managementstrukturen über Jahrzehnte herausgebildet und zementiert haben. Die Auswirkungen im Unternehmen lassen sich z. B. an folgenden Symptomen messen: An neue Software-Entwicklungsvorgaben halten sich alle, außer einigen ausgewählten Abteilungen; Änderungen der Infrastruktur werden durch exotische Anforderungen erschwert; externe Berater und Entwickler im Rentenalter werden beschäftigt. . . .

3. Betrieb der aktuellen Systeme
   Die Kosten für Lizenzen und Wartung von Datenbanken und ERP Systemen sind erheblich. Derzeit (Jahr 2012) erlebt der Softwaremarkt eine massive Konzentrations- und Übernahmewelle. Firmen wie Oracle, SAP, Software AG, CA, BMC, Quest, Citrix, Cisco, VMWARE, IBM, HP u. a. versuchen so viele Software-Unternehmen wir möglich zu übernehmen. Gleichzeitig entdecken die Inhaber von Lizenzrechten den existierenden Kundenstamm als potentielle Kriminelle, die vorsätzlich gegen Lizenzbedingungen verstoßen und daher durch Klagen zu zusätzlichen Zahlungen motiviert werden können. Aus Kundensicht wird das häufig mit nachteiligen Änderungen der Lizenzbedingungen und Klageandrohungen erlebt. Die Tücken sind vielfältig und kaum vorherzusehen, langjährige Verträge mit kundenfreundlichen Regelung bei Lizenzverstößen werden nicht unterzeichnet. (Wer mit dem Vertrieb von solchen Firmen Kontakt hat, möge doch bitte seinen Ansprechpartner auffordern sofort das Lizenzmodel zu erläutern.)
   Hardware-Hersteller sichern ihre Position durch getrennte Lizensierung der Betriebssoftware zusätzlich ab (Netapp), sodass bei Weiterkauf oder auch firmeninterne Veränderungen wie Spin-Off oder Merger erneute Lizenzkosten anfallen könne. Verhandlungen bei Software oder Lieferzeiten bei IT Hardware ziehen sich oft über Wochen hin – keineswegs ist das Privatkundenerlebnis des Rechnerkaufs in 10 min auf Unternehmenseinsätze übertragbar.
   Dieses Kostenrisiko ist unter anderem mit dafür verantwortlich, dass viele IT Bereiche im Lauf des Fiskaljahres trotz sorgfältiger Planung Budgetengpässe bekommen.

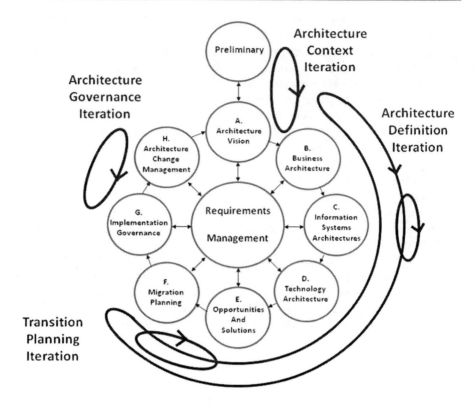

Abb. 10.1 TOGAF ADM. (TOGAF 2012)

4. Neue IT Systeme und Services

Keines der existierenden Systeme wurde eingeführt, weil sich die IT langweilt. Alle haben ihren Ursprung in einer Business-, Betriebs- oder Sicherheitsanforderung, um auf dem Markt zu agieren. Aus Sicht einer IT Abteilung stellt sich das zuweilen als schwierig dar. Die IT Governance Konzepte der ISACA und auch ITIL gehen davon aus, dass ein Anforderer weiß, was er will. In der Praxis kommen aber genau daran häufig Zweifel auf. Die Frage bleibt dann, was genau eigentlich geliefert werden soll?

Aus Fachbereichssicht müssen Marktentwicklungen zunächst verstanden werden, im Zweifel ist eine Vision und Strategie zu erarbeiten, aus der sich dann das geplante Verhalten des Unternehmens ableitet. Erst dann wird die IT Unterstützung angefordert und muss zügig geliefert werden. Eine sorgfältig gemanagte IT wird nun nicht einfach loslegen, sondern im Unternehmensinteresse eine vernünftige Architektur entwickeln. Eine Methode hierzu ist unter www.opengroup.org beschrieben (TOGAF 2012). Siehe dazu Abb. 10.1.

Dieses Vorgehen kostet Zeit und Geld – beides ist oft nicht ausreichend vorhanden.

Soziale Medien im Unternehmenseinsatz

Aus IT Betriebssicht sind Facebook, Xing, LinkedIn, Google+ und weitere zukünftige Services nichts weiter als neue IT-Systeme, die in die existierende komplexe Infrastruktur integriert werden müssen.

Sieht man sich aktuelle Studien an, wie z. B. unter http://www.scoop.it/t/social-media-studie zu recherchieren, so scheint es in Kürze für Privatpersonen ohne Social Media kein Leben mehr zu geben, während Unternehmen sich massiv zurückhalten und Nachholbedarf haben. (MIT und Cap Gemini 2011)

Aus den verschiedenen Perspektiven des Fachbereichs und der IT werden gerade Soziale Medien sehr unterschiedlich bewertet. (Selbst wenn der IT Mitarbeiter als Privatperson Social Media begeistert sein kann, so hat er als IT Service Manager durchaus eine andere Sichtweise darauf).

Während fachseitig überwiegend die Vorteile der schnelleren Kommunikation und Zusammenarbeit gesehen werden, sind IT-seitig andere Problemstellungen zu beantworten, z. B.:

- Betriebsratsvorgaben und Datenschutz – Soziale Medien funktionieren nur, wenn der Sender bekannt ist. Diese vermutete „Nutzerverhaltensüberwachung" ist oft problematisch.
- Auditregeln, SOX compliance
- Sicherheitsanforderungen, Datenschutz, Externe Zugriffe.
- Umgang mit externen Beratern
- Einbindung in die existierende Infrastruktur
- Lizenzkosten für die Lösung + zusätzliche Kosten für den Betrieb.
- Umgang mit existierenden Systemen die gleiche Funktionsbestandteile haben.
- Produktauswahl – opensource/proprietär

Diese Fragestellungen aus der IT lassen sich selten schnell lösen und die anfordernden Fachabteilungen unterstützen die IT nur mangelhaft. Die heute verfügbaren Lösungen zu Social Medias entstammen dem amerikanischen Kulturraum, zielen auf Privatkunden und man merkt, dass dort deutsche Besonderheiten nicht vorrangig berücksichtigt werden. Die Konsequenz aus diesem Sachverhalt lautet in der Praxis Zeitverzug und phasenbasierte Inbetriebnahme.

Sozial Medien werden dann zunächst mit reduziertem Umfang in Betrieb genommen und sind letztlich in der wichtigen Einführungs- und Begeisterungsphase nicht im eigentlichen Sinn verwendbar. Damit wird auch der Elan von interessierten Mitarbeitern ausgebremst und die erhofften Verbesserungen in der Zusammenarbeit bleiben aus.

Die weiteren Social Media Funktionen werden später nach erfolgreichen Tests in aktuellen IT Umgebung und Genehmigung durch Betriebsrat und weitere Gremien freigegeben. Hier sind die Zeiträume schwer abzuschätzen (allerdings hilft es nicht, den Betriebsrat als Risiko im Projektplan zu führen).

Eine weitere Komplexität kommt durch eine Governance Regel „one function one system" in diese Aufgabenstellung. Für viele Funktionen, die Soziale Medien bieten, existieren im Unternehmensumfeld häufig bereits etablierte (Teil-)Lösungen. Produkte wie Microsoft Sharepoint, Liferay, Alfresco, Jive, Wikis u. ä. bieten überlappende Funktionen. Wenn nun alles gleichzeitig genutzt wird, ist die Konsistenz von Datenbeständen über die Systeme hinweg an verschiedenen Standorten nur unter hohen Kosten zu gewährleisten. Möglicherweise ist dann zunächst eine Änderung der Governance erforderlich.

Dies alles birgt ein großes Zeit-, Frustrations- und auch Erfolgsrisiko und sollte nicht unterschätzt werden. Die am Markt dominierenden Systeme (Google+, Facebook & Co.) haben nur sich selbst als (Geschäfts-) Zweck und genauso verhalten sie sich auch. Ein Unternehmen verdient sein Geld aber mit seinem eigenen Produkt und führt Social Media unter Governance Kriterien eher ein, um seine Wettbewerbsposition in seinem Kern-Markt zu stärken. Dadurch ergeben sich wegen des anderen Blickwinkels auch andere Entscheidungskriterien und letztlich andere Entscheidungen, da identische Sachverhalte anders bewertet werden.

IT Entropie als Kostenrisiko

Ein besonderes Risiko durch den Einsatz Sozialer Medien aus dem Standpunkt der Governance möchte ich noch separat ausführen. Der Entropiebegriff wurde durch Rudolf Clausius in der physikalischen Disziplin der Thermodynamik eingeführt um die Nichtumkehrbarkeit von Energieumwandlungsprozessen zu beschreiben. Nicht ganz korrekt, aber z. T. passend wird Entropie auch als Maß für Unordnung verwendet. In einer freien Interpretation könnten wir formulieren.

> Mit Hilfe von und in IT Systemen eines Unternehmens werden elektrische Energie, gespeichertes Wissen, Informationen, Daten, Ideen und Warenzulieferungen in Wärme, neues gespeichertes Wissen, neue Information, neue Daten, neue Ideen, Produkte, gezieltes Verhalten und Markterfolg umgewandelt.

Damit würde dann der 2. Hauptsatz der Thermodynamik ebenfalls für die IT als Organisation gelten. Um also nicht in der „Unordnung" unterzugehen, muss eine IT Organisation im Unternehmen permanent Energie aufwenden um seinen Ordnungszustand zu erhalten.

Tatsächlich wird der Begriff der Entropie auch in der Sozialen Systemtheorie verwendet, um Veränderungen, Strukturdegenerationen und Verschwinden von Normen und Verhaltensweisen zu beschreiben (Bailey 1990).

Wenn nun mit hohen Erwartungen und großer Eile Social Media Systeme im Unternehmen eingeführt werden, so kann sich der ordnungserhaltende Aufwand massiv erhöhen um den strategischen Auftrag der IT gemäß ihrer eigenen Governance mit dem Einsatzzweck der Sozialen Medien zu verbinden. Die Anbindung von neuen Systemen an Identitätsverwaltungen, neue Schnittstellen zu internen Systemen, Zugänge über verschiedene Betriebssysteme usw. kosten nicht nur Geld, sie erhöhen auch den zukünftigen Aufwand für den Betrieb und die Weiterentwicklung der IT Infrastruktur. Die einfachen Fragen, was denn mit User-Accounts geschehen soll, die offensichtlich verwaist sind, oder wann Inhalte nicht mehr zugänglich sein sollen und wann sie gelöscht werden können, bekommen eine immer größere Relevanz, je weniger sie zu Beginn betrachtet wurden.

Die Alternative des „Entropietodes" (= alles Alte abschalten und neu starten) steht einer IT Organisation nicht zur Verfügung, es sei denn die Geschäftsführung betreibt ein IT-Komplettoutsourcing (Computerwoche 2010:1). Dies würde zur Unternehmensinsolvenz führen, wie die Firma Schiesser gezeigt hat (Fryba 2009). Somit bliebe einem Unternehmen nichts anderes übrig, als diese kaum planbaren Kosten in Zukunft zu tragen, was eine Geschäftsführung nicht ohne gute Argumente zulassen kann.

Als Vorhersage kann abgeleitet werden: Da Soziale Medien tendenziell eher dem Mitarbeiteramüsement dienen und weniger dem kurzfristigen Unternehmenserfolg im eigenen Markt, werden Unternehmen diese „Entropiekosten" nicht tragen. Es sei denn ein konkreter Nutzen wird erzielt, der wettbewerbsrelevant ist und wichtiger bewertet wird, als diese Entropiezunahme. (Die Ergebnisse der Studien wären damit erklärt und die weiterer Studien vorhergesagt.).

Mit diesem Gedankengang ließe sich auch erklären, dass IT Outsourcing auch ohne Kostenersparnis Sinn machen kann, wenn dadurch die Entropie der IT Organisation gesenkt wird. Im Verständnis sozialer Systemtheorie wie von Niklas Luhmann postuliert (Berghaus 2011), wäre dies sogar ein Hauptgrund hierfür, auch wenn dies in der offiziellen Begründung nie als Grund erscheinen wird. Das Unternehmen folgt damit seinem dominanten aber versteckten Bedürfnis (Goffin und Koners 2011) der Systemselbsterhaltung durch permanente Reproduktion der charakteristischen Systemoperationen. Wenn eine IT Organisation Resourcen fordert, die dies gefährden, schützt sich das Soziale System durch seine Immunisierungsfähigkeiten (Kühl 2011) selbst = Outsourcing.

Was kann zur Einführung Sozialer Systeme getan werden?

Als erste Empfehlung schlage ich vor, die Einleitungsfragen zu beantworten, was ich hier einmal (s. Tab. 10.1) beispielhaft für die Muster AG mit ca. 15.000 Mitarbeitern auf der Basis eigener Erfahrung tun möchte. Daraus ist keinesfalls auf bestimmte Unternehmen zu schließen. Zutreffende Antworten bezogen auf Ihr Unternehmen sind somit rein zufällig, oder ein Indiz, dass Sie mit Ihren Problemen nicht alleine sind.

Aus solchen Antworten ließen sich folgende Maßnahmen direkt ableiten, um Soziale Medien im Einklang mit der IT Governance einzuführen:

1. Nehmen Sie Kontakt zur Ihrer IT Governance Abteilung auf und erklären Sie Ihr beabsichtigtes Projekt.
2. Benennen Sie einen verantwortlichen Projektmanager und seine Vertretung. Diese Personen treffen sich regelmäßig mit Vertretern der IT Abteilung um eine persönliche Beziehung der später handelnden Personen aufzubauen.
3. Budgetieren Sie ein Innovationsbudget, das für das Projekt verwendet werden kann. Ihre IT kann Sie beraten, welche Kostenblöcke hier zu berücksichtigen sind, um spätere Überraschungen zu vermeiden.

Tab. 10.1 Grundlegende Fragen bei der Einführung sozialer Systeme

Frage	Mögliche Antwort
1. Ist Ihre IT kostengünstig und hat Geld für Innovationen und Versuche zur Verfügung?	Nach unserem Kenntnisstand nicht. Wenn solche Budget vorhanden sind werden sie nur IT intern verwendet
2. Ist Ihre IT zu teuer und steht unter permanentem Sparzwang?	Wir kennen offizielle Kommunikationen, die IT Kostensenkungen fordern. Wir vermuten, dass auch die IT unter Budgetkürzungen und Sparmaßnahmen leidet
3. Wie ist das Verhältnis zwischen Fachbereichen und IT gemanagte?	Häufig unzureichend. Unsere Anforderung sehen wir oft falsch umgesetzt. Umsetzung von unseren Wünschen überrascht uns oft negativ
4. Wer ist der Ansprechpartner für die Fachabteilungen?	Wir haben zwar einen Business-Contact-Manager, mit dem wir reden. Wie dieser dann aber mit der nachgelagerten Organisation kooperiert wissen wir nicht
5. Wie werden die Anforderungen aufgenommen und dokumentiert?	Häufig zu statisch und unzureichend. Wir sollen in aufwändige Vorlagen Anforderungen eintragen, selbst wenn wir zu diesem Zeitpunkt nur Abschätzungen treffen können und sich sowieso noch viel ändern wird. Später erfolgen häufig Eskalationen
6. Wie schnell reagiert Ihre IT auf Ihre Anforderungen?	Fast immer zu langsam. Alle Prozesse dauern einfach zu lange und oft hat sich dann der Markt schneller geändert, als wir etwas umsetzen
7. Wie zufrieden sind Sie mit den Ergebnissen?	Die etablierten Systeme laufen gut, alles Neue ist aber durch viele Nachbesserungen und Nachtragsbudgets geprägt. Hier sehen wir Verbesserungspotential
8. Wie glauben Sie, werden Sie von Ihrer IT gesehen?	Vermutlich sind wir die mit den Ideen, die keiner versteht. Die IT verbringt vermutlich viel Zeit damit zu erraten, was wir mit unseren Anforderungen meinen könnten
9. Gibt es in Ihrem Unternehmen eine IT Governance, die sie kennen?	Wir haben eine IT Strategie, die wir im Detail aber nicht kennen. Ansonsten hat man den Eindruck die Systeme steuern sich selbst und jeder mit ausreichend Budget macht was er will
10. Wenn ja: Woran ganz genau machen Sie das fest?	Leider kann ich das an nichts fest machen. Erwarten würde ich Richtlinien und Arbeitsunterlagen, ein Beraterteam, das uns in den Projekten unterstützt und unsere Projektmanager ausbildet. Auch ein Intranetportal zum Bestellen und Verwalten unser IT-Dienste mit klaren Regeln die auch helfen teure Fehler zu vermeiden wäre in unserer Erwartung
11. Was ist IT Governance?	Gute Frage – Die Definition in diesem Artikel ist ganz passend

4. Folgen Sie zumindest grob dem TOGAF ADM Konzept www.opengroup.org. Auch hier kann sie Ihre IT beraten. Besonders wichtig sind die Iterationszyklen um Veränderungen und Fehler zu behandeln. Berücksichtigen Sie berechtigte Anforderungen von Geschäftsführung, Vertrieb und Betriebsrat bereits zu Beginn um Aufwand und Kosten zu sparen.

5. Unsicherheiten und mehrdeutige Anforderungen sind erst dann ein Problem, wenn sie schlecht dokumentiert werden. Eine entsprechende Bemerkung eine IT Mitarbeiters ist kein persönlicher Angriff sondern ein wichtiger Hinweis auf ein Risiko. Auch wenn solche Kommentare manchmal den Adrenalinpegel erhöhen, empfehle ich hier Gelassenheit. Dokumentieren Sie die damit verbundenen Risiken und räumen Sie diese aus.

6. Lassen Sie IT Projektmanager nicht über längere Zeit allein arbeiten. Begleiten Sie die Projektfortschritte und prüfen Sie bei allen möglichen Problemen, ob nicht auch eine Änderung der Anforderungen helfen kann.

7. IT Systeme entwickeln sich immer über Releases. Dies sollten Sie auch vorsehen. Perfekte Systeme aus dem Stand sind unrealistisch und zu teuer.

8. Binden Sie unbedingt Ihren IT Einkauf mit ein, um Verhandlungen mit den involvierten SW und Systemlieferanten zu leiten. Insbesondere die Lizenzbedingung für Standortverlagerungen und Outsourcing müssen verhandelt werden.

9. Definieren Sie nicht nur, wie das neue Social Media System eingeführt wird. Machen Sie sich auch Gedanken, wie sie es wieder los werden, wenn es nicht mehr benötigt wird. Definieren Sie die Lebenszyklen zu den enthaltenen Daten (z. B. Anonymisieren nach 2 Jahren oder Verantwortungswechsel des Urhebers, Archivieren nach 5, löschen nach 10 Jahren), User-Accounts.

10. Klären Sie mit der IT, wie mit Funktionen umgegangen werden soll, die von mehreren konkurrierenden Systemen bereitgestellt werden.

11. Vermeiden Sie das Definieren von Standards auf Produktbasis. So begeisternd ein Social Media System sein kann, so nett und zuvorkommend der Lieferant auch sein mag – alles kann und wird sich ändern. Ein Kaufangebot von mehreren hundert Millionen USD schlägt auch ein netter Eigentümer nicht aus, ein existenzbedrohender Patentstreit schlägt auf das Gemüt. Dann kann sich alles ändern – vermutlich nicht zu Ihrem Vorteil

Mit dieser 11-Punkte-Liste sollten Sie die größten Hürden bei der Entscheidungsfindung und dann folgenden Einführung vermeiden.

Ich wünsche Ihnen dabei viel Erfolg. Eine Kontaktaufnahme an mich kann erfolgen über www.felimar.com

Literatur

Bailey KD (1990) Social entropy theory. State University of New York (SUNY) Press, Albany
Berghaus M (2011) Luhmann leicht gemacht: eine Einführung in die Systemtheorie. Köln (ISBN: 978-3-8252-2360-1; 978-3-412-09204-7)
Computerwoche (2010:1) Outsourcing Deal – E.on wählt T-Systems und HP. IDG Business Media GmbH. http://www.computerwoche.de/management/it-services/2358458/# Zugegriffen: Juni 2012
Fryba M (2009) Lügen wie gedruckt – Schiesser- Pleite: ERP-Hersteller Lawson wehrt sich. Haar, Germany. http://www.crn.de/panorama/artikel-50026.html. Zugegriffen: Juni 2012
Goffin K, Koners U (2011) Hidden needs: versteckte Kundenbedürfnisse entdecken und in Produkte umsetzen. Schäffer-Poeschel, Stuttgart

Kühl S (2011) Organisationen: Eine sehr kurze Einführung. VS Verlag für Sozialwissenschaften, Bielefeld (ISBN-13: 978-3531179780)

MIT, Cap Gemini (2011) Unternehmen haben Aufholbedarf bei digitalen Technologien. Berlin

Schmidt M, Schwalfenberg V (2008) White Paper – Infrastruktur im energieeffizienten Rechenzentrum. Rittal GmbH, Herborn

Serview GmbH (2012) Was ist IT-Governance. http://www.serview.de/it-governance/governance-knowledge/was-ist-it-governance.htm. Zugegriffen: Juni 2012

TOGAF (2012) Opengroup.org. The opengroup architecture framwork. www.opengroup.org, Website, USA

Analyst Relations im Web-2.0-Zeitalter

11

Hans-Jürgen Rehm

Einführung

Für welchen Partner im geplanten Outsourcingprojekt sollte sich Pierre Hofmann, der verantwortliche Projektleiter eines europäischen Zementherstellers, endgültig entscheiden?

Die Angebote dreier fähiger Unternehmen, die in die Schlussrunde des mehrstufigen Auswahlprozesses gekommen waren, schienen alle erfolgversprechend, bei leicht unterschiedlichen Ansätzen und Vorgehensweisen. Die Entscheidung, die Hofmann treffen sollte, würde den wirtschaftlichen Erfolg des Unternehmens auf der Innovationsseite wie auch auf der Kostenseite für die nächsten Jahre prägend beeinflussen. Sie musste der Geschäftsführung in der Sitzung übermorgen präsentiert und schlüssig nachvollziehbar dargelegt werden. Hofmann griff zum Telefon und wählte für die finale Abstimmung die Nummer des Analysten im Beratungshaus Berger Data and Consulting, die er in den vergangenen Wochen auswendig gelernt hatte. Bei ihm, den er ursprünglich über seine intelligenten SocialMedia-Kommentare im Web gefunden und kontaktiert hatte, konnte er – das zeigten die bisherigen Schritt – fachlich fundierten Rat finden...

Die Rolle von Branchen-Analysten

Diese anonymisierte Geschichte soll beispielhaft andeuten, welche Rolle Analyst Relations spielen kann. Sofort deutlich wird, dass Analysten auf der Angebots- wie auf der Nachfrageseite in Märkten eine Bedeutung haben, die auf wesentliche Unternehmensentscheidungen zentral einwirken kann. Der Grund dafür ist die Analysten

H.-J. Rehm (✉)
IBM Deutschland, Ehningen, Deutschland
E-Mail: hansrehm@de.ibm.com

R. Leinemann (Hrsg.), *Social Media,* Xpert.press,
DOI 10.1007/978-3-642-36476-1_11, © Springer-Verlag Berlin Heidelberg 2013

zugestandene Expertenkompetenz, die sich aus der verdichteten Erfahrung in der Einschätzung von Projekten, Bewertung von technischen oder organisatorischen und betriebswirtschaftlichen Fragestellungen ergibt. Analysten müssen sich diesen Ruf hart erarbeiten, und die 360-Grad-Anforderungen bringen ein hohes Maß an Verantwortung, aber auch Gestaltungsmöglichkeit in Märkten mit sich. Insbesondere dann, wenn Analysten als Experten in Sachverhalten über Medien auch in die Öffentlichkeit kommunizieren.

Mittler im Markt

Vertriebs- und Projektverantwortliche in Unternehmen jeder Branche sollten sich daher in Ihrem Umfeld immer wieder folgende Fragen stellen:
- Wer sind die Stakeholder in meinem Geschäft?
- Welche Marktexperten – Firmen wie Individuen – gibt es, die Berichte zur Branchenentwicklung veröffentlichen, Zahlen erheben und Trends aufspüren und verbreiten?
- Welche Rolle spielen Marktexperten als Consultants bei komplexen Projektentscheidungen, in denen sich meine Kunden – oder mein Unternehmen selbst als Kunde – für Investitionen entscheiden, die über längere Zeiträume prägend sind oder in ihrem Charakter prägend sein können für den Unternehmenserfolg auf absehbare Zeit?
- Welche Möglichkeiten gibt es, wichtige Teile des Angebotsportfolios eines Unternehmens von Spezialisten vergleichen und in Rankings und Marktbewertungen prüfen zu lassen, um in Vertriebssituationen in Auswahlverfahren Vorteile zu haben?

Diese Skizze zeigt bereits die zentrale Mittlerrolle, die Analysten in Märkten einnehmen können.

Dabei gibt es Beispiele für viele Branchen; insbesondere in investitionsintensiven Querschnittsbranchen wie der Informationstechnologie haben Analysten in den letzten Jahren durch die sprunghaft gestiegene Komplexität einen hohen Bedeutungsaufschwung erfahren.

Die Betrachtungen in diesem Beitrag fokussieren dabei vor allem auf die Situation, in der Analysten für das eigene Unternehmen als Anbieter im Markt einnehmen können.

Ziele, Möglichkeiten, neue Chancen im Web2.0-Zeitalter

Analysten sind – in der Regel – Early Adopter in ihrer Branche. Das müssen sie auch sein, um glaubhaft Beratungskompetenz aufzubauen und zu vermitteln, gegenüber Beratungskunden wie gegenüber Anbietern, die diese über neue Themen – Verfahren, Technologien, Lösungen informieren. Die Chancen, die dabei webbasierte Technologien bieten, liegen auf der Hand:

- Sichtbarkeit des eigenen Tätigkeits- und Wissensportfolios im Netz
- Bekanntgabe von News und Links sowie Dialogmöglichkeit über Soziale Medien
- Cross-Mediale Vermarktung der Leistungen des Analysten/Beratungsunternehmens

Damit eröffnet sich auch für Unternehmen, die auf Analysten einwirken, ein Spektrum neuer Möglichkeiten des Dialogs neben den klassischen Möglichkeiten und ergänzt den persönlichen und telefonischen Kontakt durch multimediale und realtime-basierte Kommunikationsmöglichkeiten, deren Hauptwert in der laufenden Existenz des Kontakts – oder Dialogs bestehen. Das Netz macht daher die Player im Markt zu einer digitalen Community, in der Vertrauen durch laufenden Informations- und Meinungsfluss wachsen kann: Man lernt sich – zusätzlich zu den persönlichen Kontakten – immer besser als Partner kennen.

Das Selbstbild von Analysten – Erwartungen und Anforderungen

Analysten verstehen sich als marktneutrale Beobachter, Berater und Partner, die Anbietern wie Nachfragern von Lösungen – gleich welcher Branche – Hinweise geben können, um richtige Entscheidungen zu treffen. Sie überlappen hier teilweise mit der Disziplin des Consultings, wenn kundenindividuelle Beratung erfolgt. Die Beziehung zu Analysten aus Unternehmenssicht ist trotz vieler institutioneller Facetten erfahrungsgemäß eine Mensch-zu-Mensch-Beziehung, aus der sich durch die Qualität der Beziehungspflege Vertrauen, Wissen und Erfahrung aufbauen lassen.

Aus diesem Grund liegt es nahe, dass eine Analyst Relations-Funktion im Unternehmen sehr nahe an der Geschäftsleitungsebene verankert werden sollte; in international tätigen Unternehmen kann sich zusätzlich der Nutzen einer regional organisierten lokalen Betreuung ergeben, die landesspezifische Besonderheiten berücksichtigt, sich aber international abstimmt und konsistent informiert.

Die klassischen Instrumente in der Analyst Relation sind das persönliche Gespräch – Auge in Auge, das Telefonat, bei Gruppen auch das Briefing oder die Konferenz. Beide können aus räumlichen/zeitlichen Gründen auch telefonisch oder mit Hilfe des Webs erfolgen, wenn der grundlegende Kontakt und Vertrauensaufbau über ausreichende erste persönliche Kontakte erfolgt ist. Die zunehmenden Möglichkeiten des Dialogs über das Web und über soziale Medien ergänzen den vorhandenen Kanon an Möglichkeiten, verdrängen ihn aber nicht. Denn unverändert bleibt, was Analysten für ihre Arbeit benötigen und suchen: Klare und wahre Informationen über ein Unternehmen, möglichst direkt von der verantwortlichen Führungskraft in Kombination mit dem Analyst Relations-Verantwortlichen. Und dies im Rahmen größtmöglicher Schnelligkeit und im Kontext einer Vertrauensbeziehung, auf die sich ein Analyst wie auch das Unternehmen verlassen können muss, wenn insbesondere vertrauliche und frühzeitige Informationen über ein Unternehmen ausgetauscht werden.

Der Blick aus der Unternehmenszentrale

Es macht Sinn, Analyst Relations zentral zu führen. Die Gründe liegen auf der Hand: Analysten haben durch ihre Veröffentlichungen wie auch durch ihre Beratungstätigkeit eine starke Einwirkung auf den Markt: Sie beeinflussen das Markenimage, bewerten Lösungsangebote, erstellen Rankings und positionieren die Innovations- und Leistungsqualität von Unternehmen im Markt, mit direkten Folgen auf die Kaufentscheidung vieler Kunden. Die Chancen, ein vertrauensvolles Verhältnis zu Analysten aufzubauen, sind umso höher, je verlässlicher die Informationen sind, die ein Analyst erhält – und das über einen kontinuierlichen Betreuungskontakt und möglichst aus erster Hand von der verantwortenden Funktion. Die Risiken von Analyst Relations sind dabei die Kehrseite – eine von Personen und direktem Kontakt geprägte Vertrauenskultur steht und fällt mit den jeweiligen Partnern auf beiden Seiten und muss im Falle einer Veränderungen in der Regel wieder neu aufgebaut und entwickelt werden. In größeren Konzernstrukturen können Kontaktnetzwerke für eine größere Stabilität sorgen, und zentrale Unternehmenstätigkeiten über ein Spektrum an Betreuungskontakten vermittelt werden. In kleineren Unternehmen werden durch kurze Wege und wenige Player insbesondere die Schnelligkeit der Information und die Reaktionsfähigkeit beim Eingehen von Anfragen geschätzt werden. Die Wendigkeit eines kleineren Unternehmens kann dabei durchaus zum Wettbewerbsvorteil auch in der Kontaktpflege zu Analysten werden.

Die Blickrichtung aus einer Tochtergesellschaft/ Landesgesellschaft

Analyst Relations aus Sinn einer Landestochtergesellschaft oder Geschäftseinheit kann ebenfalls Sinn machen. Die Vorteile liegen in der lokalen Nähe, dem schnellen Zugang zu regionalen relevanten Kontakten und der Vermittlung von regionalen Zusatzinformationen, die in jeweiligen Märkten sich erheblich unterscheiden können. Gleiches gilt für das Vorgehen in unterschiedlichen Geschäftszweigen, in denen ein Unternehmen tätig ist. Dabei gilt es, der Gefahr inkonsistenter Information durch laufende interne Abstimmung im Unternehmen und klare Prozesse entgegen zu wirken: „Don't mix messages". Der Abstimmaufwand und die klare Verteilung in den Rollen, wer was macht (machen darf), ergibt aber eine exzellente Möglichkeit, bei großen Playern ebenfalls Marktnähe und Schnelligkeit zu beweisen.

Die Werkzeuge von Analyst Relations

In einer Kurzbewertung der klassischen Werkzeuge zeigt sich immer wieder, wie personengeprägt die Disziplin ist und welch hohes Maß an Vertrauen daraus ableitbar ist.

Die Königsdisziplin ist daher noch immer das **Einzelgespräch** – perfekt in der Möglichkeit, auf individuelle Interessen eines Analysten einzugehen und dabei die Themen eines Unternehmens im Dialog und mit der Möglichkeit vertiefender Nachbereitung darzulegen, kombiniert mit einem persönlichen Kennenlernen oder Wiederbegegnen von Geschäftspartnern. Das Einzelgespräch verdient sorgfältige Vorbereitung des Unternehmensgesprächspartners (in der Regel eine Führungskraft) und der Inhalte.

Eine **Veranstaltung** für Analysten kann helfen, umfassende Themen einem ausgewählten Kreis von Analysten zu zeigen und sich einer übergreifenden Diskussion zu stellen. Im Rahmen einer gestaffelten Agenda kann ein Unternehmen eine Vielzahl von Botschaften vermitteln und über Breakouts noch individueller auf einzelne Interessensprofile abstimmen.

Analysten erwarten für den Zeitaufwand, den sie in den Besuch einer Veranstaltung stecken, ein hohes Maß an Gegenwert im Blick auf die Information und den Einblick in ein Unternehmen. Hilfreich kann dabei sein, logistisch leicht erreichbare, zentrale Plätze auszuwählen.

Analysten-Reisen zu internationalen Terminen können Sinn machen, wenn es in einer großen Organisation die Möglichkeit gibt, besondere Themen (z. B. Anlagen) vor Ort zu besichtigen, die anderweitig nicht vermittelbar sind. Solche Termine sind mit hohem logistischem Vorbereitungsaufwand verbunden, können aber auch für besondere Treffen auf Executive-Ebene in Frage kommen.

Die klassische **Telefonkonferenz** ist eines der effektivsten und preiswertesten Instrumente, um mit Analysten regelmäßig und ortsungebunden in Kontakt zu bleiben. Sowohl in der Form des Einzelbriefings wie auch in einer Gruppeneinladung bleiben alle Gestaltungsspielräume offen. Telefonkonferenzen sollten eine klare Agenda vorab haben und neben der Vermittlung von News bzw. Themen auch Möglichkeiten zum Dialog offen lassen. Dem Einzelgespräch steht dabei ebenfalls wieder eine wesentlich intensivere Dialogtiefe offen. Telefonkonferenzen sind ebenfalls bewährte Instrumente, um größere internationale Zuhörergruppen in englischer Sprache über kurzfristige, wesentliche Neuheiten zu informieren.

Webbriefings haben in den letzten Jahren die ergänzende Möglichkeit eröffnet, zu einer Telefonkonferenz multimediale Informationen in realtime mitzuliefern – Charts, Animationen und ergänzende Visualisierungen. Wichtigster Faktor ist hier eine robuste, zuverlässige und einfach zu bedienenden Technik, da die Akzeptanz sehr stark abhängt von einer unkomplizierten Nutzung. Im Zweifelsfall „offline" Materialien bereithalten, die vorab per Mail angemeldeten Teilnehmern zur Verfügung gestellt werden

Social-Media-Plattformen haben sich ebenfalls in den letzten Jahren als ergänzende Kanäle etabliert, wobei die Auswahl bevorzugter Instrumente hier noch immer einer hohen Dynamik unterliegt. Wer weiß, ob es in wenigen Jahren noch die gleichen Plattformen wie heute gibt?

Zahlreiche Analysten nutzen Twitter oder Facebook, um aktuelle Kurzbotschaften – Bewertungen, News, Einschätzungen zu teilen und auf längere Texte zu verlinken. Damit tragen sie auch zur Sichtbarkeit und Renommee-Entwicklung bei. Aus Unternehmenssicht kann der Dialog über Social-Media-Kanäle als 1-1-Dialog geführt werden. Es können aber auch Themen an ausgewählte Verteiler („Follower/Freunde") zeitnah zur Verfügung gestellt werden. Social Media kann aber persönliche Gespräche oder umfangreichere direkte Kommunikation keinesfalls ersetzen, bestenfalls medienspezifisch ergänzen. In erster Einschätzung ergeben sich in vorgelagerter Kommunikation zu anderen Aktivitäten die bisher erfolgversprechendsten Perspektiven.

Die Erfolgsmessung und Bewertung von Analyst-Relations-Maßnahmen

Erfolgsmessung gehört bei Analyst Relations zu den schwierigsten, aber auch wichtigsten Maßnahmen. Maßnahmen sind dabei je nach eingesetztem Instrument spezifisch zu bewerten. Entscheidend für eine faire Messung ist eine klare Zielsetzung vor der Planung und Durchführung einer Maßnahme (quantitativ/monetär). Erst wenn ein Unternehmen klar sagt, was es genau erreichen möchte, kann eine sinnvolle Messung zugeordnet werden. Dies ist eine triviale, aber keineswegs selbstverständliche Feststellung.

Beispiele für Ziele und entsprechende Messkriterien könnten sein:

Ziel – Vertrauen bei Analysten aufbauen und deren Kenntnisse über ein Fachgebiet vertiefen

Messung: Anzahl informierter Analysten und Ranking ihrer Marktbedeutung

Ziel – Konkrete Beurteilung eines Unternehmensangebots in Form von Publikationen

Messung: Quantitative und qualitative Bewertung von Analystenäußerungen (Reports, Kommentare, Pressezitate)

Ziel – Analysteneinsatz als Consultant in einem konkreten Kundenprojekt

Messung -Inwieweit war das Projekt erfolgreich (Kundenzuschlag, erzielter Preis, Einwirkung auf Auswahlverfahren).

Eine Vielzahl weiterer Ziele und Messkriterien ist denkbar. Erfahrungsgemäß sollten längerfristige Effekte (Imageaufbau, Meinungsentwicklung bei Multiplikatoren, Vertrauensbeziehungen) stärker im Erfolg gewichtet werden als kurzfristige Effekte (Nennungen, Zitate), wobei im Tagesgeschäft beide benötigt werden.

Ein Blick in die Zukunft von Analyst Relations

Branchenübergreifend gesprochen, werden Marktbeobachter und Fachexperten ihre Rolle in komplexen, unübersichtlichen Märkten voraussichtlich auf lange Sicht weiter behalten. Ihnen fällt daher die Rolle zu, bei hohen Investitionen oder wichtigen Grundsatzentscheidungen von Unternehmen das eigene verdichtete Wissen als Entscheidungshilfe einzubringen. In konsumerisierten Märkten andererseits ist eine sinkende Bedeutung nicht auszuschließen, da möglicherweise eine Vielzahl anderer

Informationsquellen zur Verfügung steht. Nicht unterschätzt werden darf die Multi-plikatorwirkung von Analysten als Zielgruppe, egal ob sie über Medien, als Blogger oder in ihrer kundenindividuellen Beratungstätigkeit auf Investitionsentscheider oder andere Berater einwirken. Überall, wo Sachverhalte komplex sind, gilt daher: Ana-lysten bleiben im Stakeholder-Mix eine sehr wichtige Gruppe, die weder durch neue Medien noch durch andere Multiplikatoren erkennbar ersetzbar wäre. Aus der Sicht eines Analyst-Relations-Experten in einem im Wettbewerb stehenden Unternehmen gelten daher die Praxiserfahrungswerte, dass es im Sinne eines Erfolgs in dieser Disziplin auf den Faktor Mensch im Vertrauensaufbau ankommt, auf Kontinuität, Verlässlichkeit, Qualität der Information, aber auch Geschwindigkeit, als wichtigste Erkenntnisse.

Social Media: „… we can't rewind we've gone too far…"

12

Thorsten Düchting

Einführung

Der Popsong „Video Killed the Radio Star" von den Buggles wurde 1981 als erster Clip des amerikanischen Musiksenders MTV ausgestrahlt. In der Folge feierte MTV große Erfolge – zusammen mit seinem deutsche Pendant Viva entwickelte sich der Sender insbesondere in den 1990er Jahren zu einer der wichtigsten Plattformen der Musikindustrie in Deutschland. Ebenso wie das Medium Video die Musikindustrie revolutionierte, so hat auch Social Media die Kommunikation verändert.

In dem Lied der Buggles heißt es „… we can't rewind we've gone too far…". Eine Aussage, die sich auch auf Web 2.0 und Social Media übertragen lässt – auch hier gibt es kein Zurück mehr. Es gibt unzählige soziale Plattformen und insbesondere die junge Generation nutzt sie ohne Unterlass. Aber sind sie in der Lage, die klassischen Medien zu verdrängen, und wird damit die klassische PR mit Pressemitteilungen, Fachartikeln, Anwenderberichten oder Interviews entbehrlich? Wird Social Media den „Press-Star" „killen"?

Social Media ist Gegenwart und Zukunft

Social Media ist ein Faktum, an dem heute niemand mehr vorbei kommt. Laut Statistischem Bundesamt und NM Incite gab es im Oktober 2011 weltweit 173 Millionen Blogs. Zudem berichtet das Videoportal YouTube, dass aktuell jede Minute 60 Stunden Videomaterial auf der Plattform hochgeladen werden. Jeden Monat besuchen

T. Düchting (✉)
Computasenter, Kerpen, Deutschland
E-Mail: Thorsten.Duechting@COMPUTACENTER.COM

R. Leinemann (Hrsg.), *Social Media*, Xpert.press,
DOI 10.1007/978-3-642-36476-1_12, © Springer-Verlag Berlin Heidelberg 2013

mehr als 800 Millionen Nutzer die YouTube-Website und täglich werden mehr als 4 Milliarden Videos aufgerufen. Nach Angaben des Nachrichtenkanals Twitter versenden 40 Millionen User täglich 340 Millionen Tweets. Und alleine in Deutschland hatten im September 2012 über 24 Millionen Menschen einen Facebook-Account; berichtete allfacebook.de.

Das sind Zahlen, die einem aus Ehrfurcht den Atem verschlagen können. Sie werfen aber auch kritische Fragen auf: Wer soll die ganzen Informationen nutzen und verarbeiten? Wer soll die ganzen Videos schauen, den ganzen Tweets folgen oder die ganzen Blogs lesen? Wer hat die Deutungshoheit über die Inhalte? Welche Risiken für die Kommunikation und die Reputation eines Unternehmens gibt es? Die Antwort: Natürlich gibt es eine nie gesehene Informationsflut und Social Media birgt auch Risiken. Auf der anderen Seite bietet es aber auch ungeahnte Möglichkeiten für Marketing- und Kommunikationsverantwortliche.

Wie ein Social-Media-GAU aussehen kann, hat Dell erlebt. Das Unternehmen hat aber auch gezeigt, welche Möglichkeiten soziale Plattformen bieten, um die Vorzeichen ins Positive drehen und die Chancen für sich zu nutzen: Im Jahr 2005 postete ein Kunde in seinem Blog einen offenen Brief an den damaligen Dell-CEO und berichtete über seine negativen Erfahrungen mit einem Gerät und dem Kundenservice des Unternehmens. Daraufhin wurden über 700 Kommentare eingestellt, in denen sich andere Nutzer ebenfalls negativ über das Unternehmen und seine Leistungen äußerten. Schließlich wurde der Sachverhalt auch von klassischen Medien aufgegriffen. Dell lernte aus dieser negativen Erfahrung: Heute ist das Unternehmen da, wo die Kunden sind – auf Social-Media-Plattformen. Über diese tritt Dell mit ihnen in Kontakt, tauscht sich aus und nutzt die Erfahrungen und Anregungen der Kunden-Community. Und nicht nur Marketing und Kommunikation gewinnen durch die Positionierung von Messages und verbessern damit die Reputation des Unternehmens: Vielmehr profitieren auch Produktentwicklung und Kundenservice vom Feedback der Nutzer. Dell ist heute vorbildlich in der Interaktion mit seinen Kunden.

Deutsche Unternehmen im Social-Web

Aber auch hierzulande nutzen Unternehmen zunehmend die verschiedenen Social-Media-Plattformen. Laut einer Umfrage, für die der Bundesverband Informationswirtschaft, Telekommunikation und neue Medien e. V. (BITKOM) mehr als 700 Unternehmen befragen ließ (Abb. 12.1), setzen 47 % von ihnen – also bereits rund die Hälfte – auf Social Media. Weitere 15 % planen den Einsatz. Die Zielsetzung der meisten Unternehmen ist dabei eindeutig: 82 % wollen die Bekanntheit steigern, 72 % neue Kunden gewinnen und 68 % die Beziehung zu diesen pflegen. Weitere Ziele sind Imageverbesserung (42 %), Beziehungspflege zu Multiplikatoren (32 %), Marktforschung (31 %) und Gewinnung neuer Mitarbeiter (23 %).

Hinsichtlich der Tools und Plattformen stehen soziale Netzwerke wie Facebook und Xing ganz oben auf der Liste. So haben 53 % der Unternehmen mindestens eine

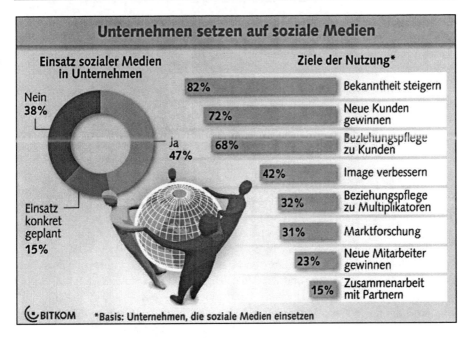

Abb. 12.1 Einsatz sozialer Medien (nach BITKOM)

eigene Facebook-Seite. Auf den Plätzen zwei und drei der beliebtesten Social-Media-Instrumente folgen mit 36 % Blogs und mit 28 % Video-Plattformen wie YouTube. Microblogging wie Twitter nutzen 25 % der Unternehmen.

Es gibt aber auch eine andere Seite der Medaille: Der Studie lässt sich auch entnehmen, dass 39 % der befragten Unternehmen nicht im Social Web aktiv sind. Gegen die Nutzung sprechen Bedenken hinsichtlich rechtlicher Fragen und Datenschutz sowie Zweifel, dass soziale Medien zur Unternehmenskultur passen. Und immerhin 62 % bezweifeln, dass sie mit Social Media ihre Zielgruppe erreichen.

Dabei lassen die „Zweifler" aber einen sehr wichtigen Punkt außer Acht: Nicht die Unternehmen entscheiden, ob sie im Social Web stattfinden. Das machen Kunden, Mitarbeiter, Partner, Journalisten und andere Stakeholder indem sie im Netz über das Unternehmen berichten oder sich über dieses austauschen. Social-Media-Kanäle verleihen Firmen nur eine Stimme und die Möglichkeit sich am Dialog zu beteiligen.

Wo und wie engagiere ich mich?

Die entscheidende Frage, die sich jedes Unternehmen hinsichtlich seiner Social-Media-Aktivitäten stellen muss, lautet: Wo und wie erreiche ich meine Zielgruppe? Dell beispielsweise benennt als Homepage heute nicht nur www.dell.com, sondern auch google.com, youtube.com, twitter.com, qq.com, renren.com, facebook.com und linkedin.com, weil das Unternehmen dort seine Kunden findet.

Wie geht aber ein B-2-B-Unternehmen mit Social Media um? Wer sind die Zielgruppen, wie aktiv sind sie und wo sind sie zu finden? Und wie können die Plattformen mit begrenzten Ressourcen, die für die gesamte Kommunikation eingesetzt werden müssen, adressiert werden? Diese Fragen haben wir uns bei Computacenter Deutschland bereits vor einigen Jahren gestellt – und wir stellen sie uns immer wieder. Im Zentrum steht auch die Frage: Wie aktiv nutzen unsere Zielgruppen Social Media tatsächlich?

Social Media bei Computacenter

In einem ersten Schritt haben wir uns gemeinsam mit Fink & Fuchs PR die gesamte Landschaft der für Computacenter möglicherweise relevanten Social-Media-Plattformen angeschaut. In dieser Phase wurde der Fächer bewusst weit aufgemacht, um einen kompletten Überblick zu erhalten und keine relevante Plattform auszulassen. Anschließend wurden die infrage kommenden Seiten hinsichtlich der folgenden Fragestellungen untersucht: Wie stark sind unsere Zielgruppen auf der jeweiligen Plattform unterwegs? Welche Kommunikationsregeln gelten dort? Welche Informationen können dort eingestellt werden und wie?

Zahlreiche Plattformen konnten sehr schnell ausgeschlossen werden, bei anderen dauerten die Überlegungen etwas länger. Am Ende wurden folgende Plattformen definiert, auf denen die Computacenter-Zielgruppen zu finden sind.

Xing

Über die Online-Plattform Xing können Mitglieder berufliche Kontakte finden und verwalten. Dazu können Nutzer und Unternehmen ein Profil anlegen, Stellen ausschreiben und suchen, sich an Diskussionen in Fachgruppen beteiligen sowie Veranstaltungen organisieren. Computacenter ist auf Xing mit einem Unternehmensprofil vertreten und veröffentlicht über diesen Kanal mehrmals die Woche Neuigkeiten. Dazu gehören offene Stellen, Unternehmensnachrichten oder Fachinformationen, die Abonnenten zur Verfügung gestellt werden. Über diese Aktivitäten sollen C-Level wie Chief Executive Officer oder Chief Information Officer, IT-Entscheider, Experten bei Kunden, aber auch Journalisten und Analysten fortlaufend über das Unternehmen, Portfolio-Entwicklungen oder auch das umfassende Know-how der Computacenter-Mitarbeiter informiert werden. Zum Großteil werden Themen ausgewählt, die für Kunden interessant sind. Die Intention ist, dass der Computacenter-Vertrieb diese Informationen an seine Ansprechpartner in den Unternehmen weiterleitet.

Twitter

Twitter ist eine Anwendung, über die Privatpersonen, Organisationen, Unternehmen oder Medien telegrammartiger Kurznachrichten mit maximal 140 Zeichen verbreiten können. Computacenter verschickt täglich etwa zwei bis drei Tweets und verbreitet Meldungen, in denen das Unternehmen genannt wird, mittels sogenannter Re-Tweets weiter. Ziel ist es, auf der Plattform präsent zu sein und Multiplikatoren wie Analysten, Journalisten, Kunden und andere Interessierte schnell und knapp auf Entwicklungen bei Computacenter aufmerksam zu machen. Re-Tweeten die Zielgruppen auch unsere Nachrichten, werden diese noch mal weiterverbreitet.

YouTube

YouTube ist ein Internet-Videoportal, auf dem Nutzer kostenlos Videoclips ansehen und hochladen können. Computacenter stellt auf der Plattform Filme ein und integriert bei seinen Favoriten Videos des englischen Mutterkonzerns, Fachbeiträge, in denen Kollegen oder das Unternehmen vorkommen, oder Filme von Partnern. Zielgruppen auf dieser Plattform sind Entscheidungsvorbereiter und IT-Mitarbeiter bei Kunden sowie Kolleginnen und Kollegen oder potenzielle Mitarbeiter. Diesen soll das Unternehmen Computacenter, sein Leistungsportfolio und seine technische Expertise näher gebracht werden.

Facebook

Das soziale Netzwerk Facebook ermöglicht es Privatpersonen und Unternehmen eine Profilseite anzulegen. Darauf können sie Fotos oder Videos hochladen und Informationen veröffentlichen. Durch eine Beobachtungsliste wird man über Neuigkeiten auf den Profilseiten von Freunden oder von Unternehmen, denen man folgt, informiert. Computacenter nutzt Facebook aktuell als Recruiting- und Mitarbeiter-Kanal. Entsprechend werden ausschließlich News zu Karriere im Allgemeinen, zu Arbeiten bei Computacenter oder Unternehmensneuigkeiten eingestellt.

Google+

Google+ ist ein soziales Netzwerk, das einen ähnlichen Ansatz wie Facebook hat. Kontakte lassen sich darin aber in so genannte Kreise (Circles) einsortieren. Damit können Nutzer auswählen, welche Personen Veröffentlichungen mitlesen können. Aufgrund des Designs und der Funktionen wirkt Google+ seriöser als andere Plattformen und eignet sich daher eher für berufliche Aktivitäten. Computacenter hat seine Aktivitäten bei Google+ gestartet, um darüber Entscheidungsvorbereiter und IT-Mitarbeiter bei Kunden, Analysten, Journalisten, Kolleginnen und Kollegen oder anderweitig Interessierte über aktuelle Entwicklungen zu informieren.

Blog

Bei Computacenter wird regelmäßig auf den unterschiedlichsten Ebenen über die Einrichtung von Blogs diskutiert. Aktuell werden diese ausschließlich – und sehr erfolgreich – für die interne Kommunikation genutzt. Die Einrichtung der „Online-Tagebücher", insbesondere als externer Kanal, ist eine Frage von Aufwand und Nutzen: Hat unsere Zielgruppe tatsächlich Zeit und Muße, noch einen weiteren der aktuell über 173 Millionen Blogs weltweit zu lesen? Gibt es zu dem Thema nicht bereits zahlreiche erfolgreiche Blogs, mit denen man konkurrieren würde? Sind ausreichend Ressourcen vorhanden, um den Blog zu betreuen? Dabei ist zu bedenken: Es ist besser keinen Blog zu haben, als einen, in dem es keine Neuigkeiten gibt.

Pressearbeit vs. Social Media

Computacenter Deutschland ist also im Social-Media-Bereich aktiv. Wir nutzen die Vorteile wie raschere Verbreitung von Neuigkeiten und schnellere Reaktionsmöglichkeiten, Verbesserung der Suchmaschinenpositionierung, Weiterverbreitung unserer Informationen durch andere und direkter Austausch mit der Zielgruppe. Computacenter ist aber sehr zielgerichtet unterwegs: Wir bewegen uns bewusst auf wenigen ausgesuchten Plattformen, auf denen auch unsere Zielgruppen aktiv sind. Stand heute ist keine Notwendigkeit ersichtlich, mehr zu tun: Über Flickr, picasa oder einen Facebook-Unternehmens-Account sind C-Level, Entscheider oder IT-Verantwortliche in den Unternehmen kaum zu erreichen. Communities, in denen sich Experten auf „neutralem Boden" austauschen können und die daher einen sehr großen Wert haben, werden von Industrieanalysten wie Gartner oder Forrester oder von Fachpublikationen bereitgestellt. Mit diesen zu konkurrieren, ist für uns kaum möglich. Derzeit ist auch nicht ersichtlich, dass ein stärkeres Engagement und größere Investitionen in Social Media zu einer stärkeren Präsenz und zu mehr Erfolg im Sinne einer verbesserten Wahrnehmung und einer besseren Positionierung führen würden.

Hinzu kommt, dass Computacenter Deutschland seine Gesamtveröffentlichungen in „klassischen Medien" von 2005 bis 2011 nahezu verdoppeln konnte. Insgesamt erreichten wir im Jahr 2011 eine verbreitete Auflage von über 10 Millionen im Printbereich und von fast 50 Millionen Page Visits bei den Online-Clippings. Jeder, der sich mit PR auskennt, weiß, dass sich mit Auflage und Page Visits nur begrenzt eine Aussage über den Erfolg der Presseaktivitäten treffen lässt. Sie sind aber ein Indikator dafür, wie viel wir machen müssten, um eine vergleichbare Reichweite auf Social-Media-Plattformen zu erzielen. Entsprechend hat für Computacenter Deutschland auch heute noch die Berichterstattung in den Print- und Online-Medien höchste Priorität bei allen PR-Aktivitäten. Wir erreichen unsere Zielgruppen nach wie vor in erster Linie über gedruckte Medien oder über die Online-Ausgaben und Newsletter von Handelsblatt, Computerwoche, Heise und Co.

Das Leseverhalten bewegt sich weiter in Richtung digitaler Inhalte. Die „Generation-Kindle", die auf haptisches Erleben zu Gunsten von Praktikabilität verzichtet, wird zunehmend in Entscheiderpositionen rücken. Dennoch werden objektive Artikel oder Medien-Newsletter – also journalistische Qualität – weiterhin einen Wert haben. Möglicherweise wird dieser in Zeiten des Informationsüberflusses im World Wide Web sogar wieder steigen. Berichterstattung in den Medien hat den Vorteil, dass Journalisten ihren Lesern die qualifizierte Themenauswahl abnehmen. Sie recherchieren und führen Interviews, um einen Beitrag zu liefern, der den Ansprüchen an journalistische Qualität genügt. Objektivität ist dabei das größte Pfund, mit dem Medien wuchern können. Leser müssen sich darüber im Klaren sein, dass alles, was sie über Unternehmens-Accounts auf Xing, Twitter, Facebook und Co. Konsumieren, auch von Unternehmen verfasst wurde – damit ist es nicht objektiv. Und andere Nutzer, die Informationen aufgreifen und im Web verteilen, sind in der Regel dem journalistischen Ethos der Objektivität nicht verpflichtet.

Daher werden sich Menschen und damit die Entscheider in den Unternehmen auch zukünftig über Print- und Online-Medien sowie Radio und Fernsehen informieren. Gleichzeitig werden sie aber auch Informationen über Social-Media-Plattformen konsumieren. Und nicht zuletzt werden sie bei konkretem Bedarf Informationen über Google und Co. oder gezielte Recherche im Internet suchen. Dabei werden sie sowohl auf journalistische als auch auf Social-Media-Quellen stoßen und diese nutzen. Das Informationsmonopol der klassischen Medien ist aufgebrochen und es gibt eine Art Gewaltenteilung. Die Aussage der Buggles „. . . we can't rewind we've gone too far. . ." ist auf diese Situation adaptierbar. Die Frage ist nur: Wird sich das Gewicht in den kommenden Jahren noch weiter in Richtung Social Media verschieben? Auch Digital Natives werden älter und irgendwann aufgrund von Familie und Beruf weniger Zeit haben, auf den Plattformen aktiv zu sein. Auch sie werden irgendwann dankbar sein, dass ihnen Profis die Themenwahl abnehmen und objektiv aufbereitete Informationen zur Verfügung stellen.

Social Media „tötet" nicht den Press-Star

Mit dem Erstarken des Internets sowie der elektronischen Verbreitung von Musikdateien nahm rund um die Jahrtausendwende die Macht der Musiksender wieder ab. Heute, über 30 Jahre nach der Geburt von MTV und Co., spielen diese nur noch eine untergeordnete Rolle: MTV ist nur noch im Bezahlfernsehen zu empfangen und Viva hat den Großteil seiner Musiksendungen durch Comedy und Cartoons ersetzt: Video hat den Radiostar doch nicht „gekillt"!

Genauso wenig wird Social Media den Presse-Star „töten". Auch weiterhin wird es objektiver und neutraler Medien bedürfen und es wird sie weiterhin geben. Sie werden auch zukünftig Informationen, Texte und Interviewpartner aus den Unternehmen benötigen. Wer aber seine PR-Aktivitäten auf klassische Pressearbeit reduziert und auf den Einsatz sozialer Medien verzichtet, vergibt eine Chance. Zudem läuft er Gefahr, dass Diskussionen über sein Unternehmen und seine Produkte, die im

Social-Web ohnehin stattfinden, an ihm vorbei gehen. Unternehmen sollten sich daher nicht komplett dem Phänomen Social Media verschließen, sondern das Ohr am Puls der Zeit haben und gegebenenfalls den Anteil der Kommunikationsaktivitäten in die eine oder andere Richtung verschieben. Die Maßgabe ist: Das eine tun, ohne das andere zu lassen.

Warum Unternehmen Medien werden müssen

13

Jörg Lenuweit

Einführung

Früher war alles ganz einfach: Es gab die Medien, es gab die Anzeigenkunden und es gab die Leser. Heute ist alles anders: Medien werden zu Marken-Discountern, Leser zu Journalisten und Unternehmen zu Medien.

Einige Beobachtungen. Und eine dringende Empfehlung.

Manifestation 1 – Sinkflug

Zum internationalen sogenannten Zeitungssterben im Zusammenhang mit dem Internet und der Anzeigenkrise liegen aus den USA folgende Zahlen vor: von 2006 bis 2008 gingen die Umsätze der Verlage um 23 % zurück, die Zahl fest angestellter Journalisten um 10 %.

Seit 2007 dokumentiert der ehemalige Zeitungsjournalist Paul Gillin auf seinem Blog Newspaper Death Watch den Niedergang der US-Zeitungsindustrie. Seine bittere Vorhersage: Die tektonischen Verwerfungen der Kommunikationssphäre zerstören 95 % aller bedeutenden amerikanischen Großstadtzeitungen. Sorgfältig sammelt Gillian Berichte über Entlassungswellen und Auflagenrückgänge bei US-Blättern. Seine RIP-Liste verzeichnet mittlerweile 14 große Tageszeitungen, die seit März 2007 ihr Erscheinen einstellen mussten.

Laut einer Studie der Annenberg School for Communication and Journalism ist das erst der Anfang. Deren düstere Prognose: In 5 Jahren wird es in den USA nur noch vier große Tageszeitungen geben. Derzeit gibt es noch rund 1400 größere Regional-

J. Lenuweit (✉)
Text100, München, Deutschland
E-Mail: Joerg.Lenuweit@text100.de

R. Leinemann (Hrsg.), *Social Media*, Xpert.press,
DOI 10.1007/978-3-642-36476-1_13, © Springer-Verlag Berlin Heidelberg 2013

und Metrozeitungen. Wenn sich die Vorhersage bewahrheitet, werden pro Woche fünf Titel aus der US-Medienlandschaft brechen.

Die Gründe für die Entwicklung sind vielgestaltig: Immer mehr Leser holen sich ihre tägliche Nachrichtenration aus dem Internet. Die klassischen Zeitungsleser werden immer älter – und damit weniger attraktiv für die Werbetreibenden. Die Folge: Entlassungen, sinkende Auflage, sinkende Qualität, Vergraulen der letzten Leser.

Die Medienkrise ist kein reines US-Problem, sondern markiert eine globale und spartenübergreifende Entwicklung. In Deutschland beispielsweise sind die einst prosperierenden IT/TK-Fachmedien unter enormen Druck geraten: Die größten acht Zeitschriften in diesem Segment – Computer Bild, c't, Chip, PC-Welt, com!, Computer Bild Spiele, PCgo und PC Magazin – büßten innerhalb eines Jahres sage und schreibe 371.837 Käufer ein. Statt 2,3 Mio. setzten sie nur noch 1,9 Mio. Hefte pro Ausgabe ab.

Die Krise lässt sich nicht bewältigen, indem die traditionellen Medien einfach die Plattform wechseln und ins Internet wechseln. Denn hier verfügen sie nicht mehr über die alleinige Herrschaft über die Produktionsmittel. Folglich müssen sie sich das Spielfeld mit vielen anderen teilen: Bloggern, Bürgerjournalisten, Social Networks, Fanzines, Corporate-Seiten und vielem mehr.

Für Medien bedeutet das: Sie müssen sich mehr einfallen lassen. Für alle anderen liegt darin eine große Chance. Zum Beispiel für Unternehmen.

Manifestation 2 – „Märkte sind Gespräche" (Makrokosmos)

1999 veröffentlichten Christopher Locke und David Weinberger ihr legendäres Cluetrain Manifesto. These 1 lautet: „Märkte sind Gespräche." Indem das Internet jedem Einzelnen die Möglichkeit gebe, die eigenen Gedanken und Einschätzungen an ein (potenziell) weltweites Publikum zu publizieren, verschiebe sich die Macht. Weg von den großen Massenmedien, weg von den Unternehmen, die diese mit Geld und PR beeinflussen können. Hin zu jedem Einzelnen.

2004 begegnete eine Gruppe von Microsoft-Mitarbeitern dieser neuen Herausforderung mit einem radikal neuen Konzept: Channel 9 – ein eigener Video-Kanal, der die Mitarbeiter im Unternehmen in Szene setzt und dem Konzern damit ein menschlicheres Angesicht verleihen sollte.

Und das nicht auf die übliche Art und Weise. Der erste Satz der Channel 9 „Doktrin" lautet: „Bei Channel 9 geht es nur um Gespräche. Channel 9 soll Microsoft-Mitarbeiter und Kunden dazu inspirieren, ehrlich und menschlich miteinander zu sprechen. Channel 9 ist kein Marketing-Tool, kein PR-Tool, kein Lead-Generierungstool."

Das Brot-und-Butter-Geschäft ist der Tech-Talk von Geek zu Geek. Die Inhalte, die technischen Details, das Schürfen in den Tiefen des Software-Codes stehen im Mittelpunkt und finden die meisten Zuschauer. Auf schönen Schein verzichtet man achselzuckend: die Schreibtische sind unaufgeräumt, die Entwickler tragen T-Shirts, Kinderzeichnungen hängen an der Wand, die Kamera wackelt, gehäufte „Ähs" und „Hms" werden nicht geschnitten. All das trägt zur „Echtheit" von Channel 9 bei.

Denn was im Channel 9 am meisten zählt ist nicht der schöne Marken-Schein, sondern der Nutzen für die Leser-Kunden. Sechs Millionen monatlich.

Manifestation 3 – „Märkte sind Gespräche" (Mikrokosmos)

Vor einem halben Jahr habe ich einen alten Freund besucht. Betreiber eines kleinen Fotoladens in einer kleinen Stadt.

„Das hier hab ich jetzt mal vor Weihnachten versucht", sagte er und wies auf einen Stapel mit Postwurfprospekten. Im besten Geiz-ist-Geil-Stil wurde da ein bestimmtes Kameramodell angepriesen.

„Glaubst du, da wäre ein Einziger deswegen in den Laden gekommen?"

Auch mit einer Anzeige im Lokalblatt habe er es versucht. Aber so viele Kameras verkaufe er nicht mal in der Vorweihnachtszeit, um das Geld wieder hereinzubekommen.

Etwas tun muss er trotzdem. Weil immer mehr Kunden sonst bei Media Markt kaufen. Oder bei Amazon bestellen.

Wenn jemand zu ihm kommt, um eine Kamera zu kaufen, tut er das aus anderen Gründen: Entweder weil er seine Kamera schon immer hier gekauft hat. Oder weil er von anderen gehört hat, dass hier Beratung, Qualität und Service stimmen. Oder weil er bei ihm im VHS-Kurs gelernt hat, wie man Fotos digital bearbeitet.

Das läuft also.

Und wie lässt sich das steigern?

Daran arbeitet er gerade: Aus einem der VHS-Kurse ist die Idee für eine lokale Foto-Community entstanden. Der nächste Schritt hierzu ist die Gestaltung eines eigenen Wordpress-Blogs. Auf dem können die Mitglieder ihre Fotos hochladen und kommentieren und sich Tipps geben.

Und dann: Immer mehr Bürger werden sich die Bilder anschauen. . .

Was entstehen wird, ist eine Art lokale Chronik des Alltags in Bildern. . .

Auch die Lokalzeitung interessiert sich für das ein oder andere Bild. . .

Für Postwurfsendungen und Anzeigen wird gar keine Zeit mehr bleiben. Warum auch.

Manifestation 4 – „User-generated"

Seit 128 Jahren gibt es in den USA das Magazin Ladies' Home Journal. Sie gilt als eine der wichtigsten Frauenzeitschriften Amerikas. Seit der März-Ausgabe 2011 „curiert" sie ihren gesamten Inhalt aus Beiträgen, die Leserinnen auf Portalen wie DevineCaroline.com und anderen sozialen Kanälen hochladen.

Manifestation 5 – Lesen

Laut der Studie „Lesen in Deutschland 2008" hat die Nutzung von Internet-Lektüre in den vergangenen Jahren an Bedeutung gewonnen. So stieg der Anteil der Befragten, die ganze Texte am Bildschirm lesen, zwischen 2000 und 2008 von 25 auf 41 % an.

Wider Erwarten führt dieser Trend nicht zum geistigen Verfall – im Gegenteil. Das belegt eine weltweit einmalige wissenschaftliche Lesestudie der Universität Mainz. Ziel der Studie war es, das Lesen von Texten in verschiedenen medialen Darreichungsformen zu untersuchen. Die Ergebnisse zeigen, dass das Gehirn Informationen, die auf einem Tablet-PC gelesen wurden, besser verarbeiten kann.

Manifestation 6 – Editorial Shopping

Lesen, klicken, kaufen – laut der New York Times sind Zeitschriften wie die Vogue, GQ und Esquire gerade dabei, einen neuen Trend zu etablieren: In ihren Online-Ausgaben berichten sie nicht nur, was es an neuer Top-Mode in den Boutiquen zu kaufen gibt. Der Leser oder die Leserin kann das redaktionell geweckte Bedürfnis auch sofort befriedigen. Ein Mausklick genügt und schon sind sie im integrierten Online-Shop und können ihre Wunschartikel bestellen.

Seien wir ehrlich – Lifestyle-Magazine lesen war schon immer auch ein wenig wie Shopping. Gerade in Modezeitschriften ist der redaktionelle Teil vom werblichen schwer zu unterscheiden. Die Integration des Retail-Kanals direkt ins redaktionelle „Programm" scheint im Digitalzeitalter nur der letzte konsequente Schritt dieser Annäherung.

Und warum auch nicht? Für den Leser ist das ein spannender Service, der ihm viel lästige Navigationsarbeit durch die diversen Online-Shops erspart. Und den Magazinen spült das Editorial Shopping dringend benötigten Zusatzumsatz in Form von Provisionen in die leeren Kassen.

In anderen Branchen ist das Konzept längst schon gang und gäbe, etwa im Buch- oder Musikmarkt. Perlentaucher.de, Deutschlands wichtigstes Online-Kulturmagazin, präsentiert seinen Lesern immer gleich den Bestell-Button unter der Rezension. Bei digitalen Inhalten wird der Shopping-Reiz zusätzlich dadurch erhöht, dass der Leser sein Buch, seinen Song, seine Serienstaffel nicht nur sofort bestellen kann. Er hat sie innerhalb kürzester Zeit auch per Download auf seinem Gerät. Leser, Musikfreunde, Gamer und Filmfans müssen dafür die Couch schon gar nicht mehr verlassen.

Die Macht des Editorial Shopping ergibt sich vor allem aus dem Kontext, in dem der Leser mit dem Produkt in Kontakt kommt: Der Leser wird nicht zu einer Kaufentscheidung gedrängt, wie in der Werbung. Dem redaktionellen Inhalt bringt er mehr Vertrauen entgegen. Auch fühlt er sich als Leser ernster genommen, denn als Mitglied einer anonymen Werbezielgruppe. Hier ist eine unabhängige Person mit Geschmack, mit der er auf einer Wellenlänge ist (oder nicht) und deren Empfehlungen er vertrauen kann.

Manifestation 7 – Curating

Dass Journalisten soziale Medien intensiv nutzen, ist nicht neu. Relativ neu ist die Möglichkeit, Social Content, der von Nutzern bereits zu einem Thema publiziert wurde, zu bündeln und auf einer eigenen Plattform zu wiederholen. Und richtig neu ist die Idee, dass auch Unternehmen Beiträge sammeln, um relevante Inhalte für Corporate Journalism zusammenzutragen oder ihre eigenen Marken in einen relevanten Kontext zu stellen.

Kuratieren lautet das Zauberwort und Curating-Tools sind die zugehörigen Zauberstäbe. Sie können Unternehmen helfen, Beiträge, die ihre Mitarbeiter veröffentlicht haben, zu nutzen, sie zu sortieren und zu gewichten. Mit Storify lassen sich beispielsweise gezielt Inhalte aus Twitter, Facebook, YouTube, etc. in einem gemeinsamen Bereich darstellen. Das kann eine Website mit eigener URL sein oder ein Frame auf einer Website. Und Pinterest nennt sich selbst „Online-Pinnwand" und sieht auch so aus. Im Gegensatz zur eher Blog-ähnlichen Aufzählung von Posts wie bei Storify ist Pinterest absolut visuell. Wie ein schwarzes Brett sammelt Pinterest visuelle Inhalte mit dem entsprechenden kurzen Kommentar.

Manifestation 8 – „Die! Press release! Die! Die! Die!"

„Die! press release! Die! Die! Die!" mit diesem hysterischen Aufschrei hat der Blogger Tom Foremski schon im Jahr 2006 seinem Unmut über das Allzweck-Tool im PR-Werkzeugkasten Luft gemacht. Doch das ist nur die eine Seite der Medaille. Die andere: Pressemitteilungen werden nicht nur von Journalisten gelesen und verbreitet. Auch Blogger nutzen sie. Und ganz normale Konsumenten, die sich über ein Produkt, eine Marke, ein Unternehmen informieren wollen. Die wissenschaftliche Zeitschrift „Publizistik" hat vor kurzem eine Studie veröffentlicht, die zeigt, dass publizierende Privatpersonen einen guten Teil zur Verbreitung von Presseinfos im Web beitragen.

Hier steckt Potenzial, das weit über die Reichweite der Pressemitteilung hinausgeht: Was würde erst passieren, wenn ein Brand ein redaktionelles Programm auffahren würde, das demjenigen der klassischen Medien um nichts nachsteht?

In welche Richtung das gehen kann, zeigen die Vorschläge, die rund um die von Foremski angestoßene Diskussion entstanden sind: Was ihm statt der verhassten PM vorschwebte, war eine Art Content-Baukasten mit Zitaten, Bildern, Grafiken, RSS-Feed und Links. Zahlen und Fakten am besten in Bullet Points. Heute kennt man das als Social Media News Room.

Und warum sollte diese neue Informationszentrale eines Brands nur für Journalisten geöffnet sein?

Quintessenz

Was heißt das alles für ein Unternehmen, das in dieser Landschaft um das karge Gut öffentliche Wahrnehmung ringt?

Die klassische Bedeutung der Medien als Gatekeeper und Meinungsführer ist zwar immer noch gegeben – die Stimmenvielfalt in der Öffentlichkeit ist jedoch sehr viel größer geworden. Die klassischen Medien werden in diesem Konzert nicht mehr alleine den Ton angeben, sondern sich ins Konzert einordnen.

Damit ändert sich auch der Fokus für Unternehmen. Klassische Werbemaßnahmen verlieren an Bedeutung, da angesichts der Kosten die Streuverluste zu hoch sind. Um im Spiel zu bleiben, müssen Unternehmen diesen Bedeutungsverlust kompensieren. Eine Chance der Kompensation liegt darin, dass Unternehmen das Heft selbst in die Hand nehmen. Das Internet stellt ihnen die technischen Mittel dafür zur Verfügung. Die Abhängigkeit von Veröffentlichungsmonopolisten endet. Jeder ist frei, seine Geschicke selbst zu bestimmen.

Der Leser hat sich schon vorher aus den klassischen Abhängigkeitsverhältnissen emanzipiert. Aus dem Couch-Potato ist ein souveräner Multimedia-Zapper geworden, von dessen Like-Daumen der Erfolg eines Content-Angebots abhängt. Er ist die Rolle des Bloß-Konsumenten leid, er will als Dialog-Partner anerkannt und ernst genommen werden.

Was also tun?

Unternehmen sind gut beraten, ihre Investitionen von den klassischen Marketing-Maßnahmen abzuziehen und sie stattdessen in den Dialog mit ihren direkten Zielgruppen zu stecken. So zeigen sie ihren Kunden, dass sie sie ernst nehmen und sich für sie interessieren. Mit einem Wort: Man lernt sich kennen – gegenseitig.

Im Gegenzug werden die Kunden das Unternehmen, die Marke, die Menschen dahinter kennen und vertrauen lernen.

Um als verlässliche und attraktive Informationsquelle von ihnen akzeptiert zu werden, bedarf es jetzt noch eines glaubwürdigen und hochwertigen Content-Angebots. Im Mittelpunkt steht dabei nicht die vordergründige Proklamation einer Botschaft, sondern Nutzen und Unterhaltung des Lesers, also echtes Storytelling.

Mit einem Wort: Unternehmen müssen selbst zu Medien werden.

Social Media Measurement

14

Ralf Leinemann

Laut einer Studie von Eurocom Worldwide halten etwa drei Viertel aller Unternehmen Online-PR für wichtig, aber gut 50 % der Unternehmen können die Wirkung ihrer Investitionen in Social Media nicht messen.

Eine Standardantwort, die in diesem Zusammenhang oft zu hören ist, lautet: „Soziale Medien kann man gar nicht messen!". David Berkowitz hat diesen Argumenten den Wind aus den Segeln genommen und sage und schreibe 100 Ansätze, wie man sie doch messen kann, zusammengestellt und veröffentlicht (www.marketersstudio.com/2009/11/100-ways-to-measure-social-media-.html).

Für die Kommunikationsabteilung eines Unternehmens ist die Analyse sozialer Medien aus mehreren Gründen angebracht. Zum einen möchte man – ähnlich wie bei traditionellen PR-Analysen – einen Eindruck gewinnen, inwieweit eigene Aktionen und Kampagnen in sozialen Medien Wirkung zeigen. Andererseits liefert die kontinuierliche Beobachtung sozialer Medien aber auch Erkenntnisse über Aktionen von Wettbewerbern. Der dritte Grund für eine kontinuierliche Beobachtung der sozialen Medien ist das Erkennen von sich entwickelnden möglichen Krisen.

Für klassische Medien gibt es eine große Zahl von Dienstleistern, die die gesamte Bandbreite von elementaren Clipping-Services bis hin zu qualitativen Auswertungen abdeckt. Auch für die Beobachtung sozialer Medien gibt es mittlerweile eine ganze Reihe von Anbietern, die ihre Dienstleistungen unter den Stichworten „Social Media Monitoring" oder „Social Media Measurement" anbieten.

Die Kriterien, mit denen man Social Media messen möchte, richten sich nach den Zielvorgaben, die man sich gesetzt hat. Da diese je nach Unternehmen, Aufgabenstellung oder auch je nach der Phase, in der sich ein Unternehmen gerade befindet, sehr unterschiedlich sein können, sind auch die Messkriterien völlig unterschiedlich.

Wir können das anhand von drei Beispielen für Zielvorgaben veranschaulichen:
1. Wir wollen Informationen sammeln
2. Wir wollen die Beziehung zum Kunden stärken

R. Leinemann (✉)
Matchcode, Nagold, Deutschland
E-Mail: rleinemann@matchcode.com

R. Leinemann (Hrsg.), *Social Media,* Xpert.press,
DOI 10.1007/978-3-642-36476-1_14, © Springer-Verlag Berlin Heidelberg 2013

Abb. 14.1 Social Media
Monitoring – 360° Radar

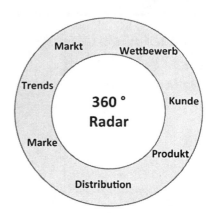

3. Wir wollen Kaufinteresse wecken, bzw. wir wollen soziale Medien als Service-
   Kanal nutzen.

Im ersten Fall wird auch oft vom Social Media Monitoring oder einem 360 ° Radar gesprochen, da wir Informationen zu sehr unterschiedlichen Themen gewinnen
können (s. Abb. 14.1).

In diesem Fall, der auch als „Gaining Insights" bezeichnet wird, gilt es, die Themen, die in sozialen Medien diskutiert werden, zu identifizieren und sie in eine nach
Relevanz geordnete Reihenfolge zu bringen. Im zweiten Fall wollen wir den Dialog
mit oder zwischen Kunden und Prospects (möglichen Neukunden) beobachten und
im besten Falle auch bewerten. Im dritten Fall wollen wir mögliche Veränderungen
im Käuferverhalten messen.

Abbildung 14.2 gibt eine Übersicht über verschiedene Messkriterien für verschiedene Ziele.

Interessanterweise ist der Rahmen von Messverfahren durch drei Größen gekennzeichnet, die unseren drei Zielvorgaben sehr ähnlich sind:

1. Reichweite
2. Diskussionen
3. Ergebnisse

Ziele	Messkriterien (Beispiele)
Sammlung von Informationen	• Ranking von diskutierten Themen • Identifikation von negativen/positiven Kommentaren
Stärkung von Kundenbeziehungen	• Anzahl der Autoren • Anzahl von Fans, Followers, etc • Anzahl der Artikel
Kaufinteresse wecken	• Anzahl der Leads auf Landing Pages • Anzahl der Downloads von Materialien (z. B. Broschüren)

Abb. 14.2 Übersicht zu möglichen Messkriterien, abhängig vom jeweiligen Ziel

Reichweite

In klassischen PR-Measurement-Theorien wird auf einer ersten Ebene gemessen, wie viele Artikel zu einem Thema in den Medien erschienen sind. Bei Lindenmann wird diese Ebene Output- Ebene genannt, auf der praktisch ausschließlich quantitativ gemessen wird. Die Anzahl der Artikel wird ermittelt, typischerweise gewichtet mit der Auflage des jeweiligen Mediums.

Bei sozialen Medien ist es genauso wichtig, neben der „Quantität" auch die „Qualität" eines Beitrags zu betrachten. Statt der Auflage eines Mediums wird dafür die „Qualität" des jeweiligen Autors betrachtet, denn unterschiedliche Autoren erzeugen durchaus ganz unterschiedliche Wirkungen. Ein guter Indikator für die „Qualität" eines Autors ist die Anzahl seiner Follower oder Friends.

Standard-Werte für die Messung einer Aktion in sozialen Medien sind die sogenannten „Engagement Rates" oder kurz ERs. Diese werden von Facebook und Twitter zum Beispiel wie folgt definiert.

Facebook

Die Post Engagement Rate $ER = [(A + B + C)/D] \times 100$

mit

A: Anzahl der „likes"
B: Anzahl der Kommentare
C: Anzahl der „Shares" an einem Tag
D: Anzahl aller Fans an einem Tag

Twitter

Die Tweet $ER = [(A + B)]/C] \times 100$

mit

A: Anzahl der Antworten
B: Anzahl der Retweets
C: Anzahl der Followers

Die ER-Werte sind sicher aufschlussreiche Parameter für die Resonanz einer Aktion, sie sind aber sicher noch weit entfernt von Aussagen über die Effektivität einer Aktion.

Ein zweiter Parameter, auf den man in diesem Zusammenhang achten sollte, ist der Faktor Zeit. Weiß man, wo ein Thema aufkam und wie es sich dann im Laufe der Zeit in andere Medien ausgebreitet hat, kennt man nicht nur die einflussreichste und wichtigste Quelle, sondern auch den Ort, an dem man eventuell mit eigenen Beiträgen ansetzen möchte.

Diskussionen

Während die Reichweite doch weitgehend durch quantitative Kriterien bestimmt ist, wird in diesem zweiten Abschnitt mehr auf Qualität geachtet.

Im Wesentlichen werden zwei Größen betrachtet: Die Themen, die diskutiert werden und die Bewertung oder Einstellung der Diskussionsteilnehmer. In der klassischen Medienanalyse hat man von Tonalität oder auch „Favourability" gesprochen. In Bezug auf soziale Medien betrachten wir, über welche Aspekte eines Themas diskutiert wird und welche Haltung von den Verfassern eingenommen wird, d. h. wird positiv, neutral oder negativ berichtet. Erst, wenn man diese Grundeinstellungen, die übrigens in verschiedenen sozialen Medien verschieden sein können, kennt, kann man eine Strategie für eigene Beiträge entwickeln und in die Diskussion einsteigen – an der richtigen Stelle und mit den richtigen Inhalten.

Ergebnisse

Bei Lindenmann ist die höchste Ebene, auf der Messungen für PR durchgeführt werden können, die Outcome- Ebene. Hier wird beobachtet, inwieweit sich das Verhalten der Zielgruppe ändert, d. h. wir befinden uns auf der Ebene, auf der sich wirtschaftliche Ergebnisse messen lassen. Analog wird auch in sozialen Medien das Verhalten der Teilnehmer beobachtet. Während man auf der Diskussionsebene das Verhalten oder die Meinung der einzelnen Teilnehmer analysiert, wird man auf der Ergebnisebene eher Größen betrachten, die ein Indiz für konkretes Interesse an einem Produkt oder einer Dienstleistung darstellen. Ein typisches Beispiel sind Klickraten auf Site-Links, bzw. Messen der Referrals auf einer Ziel-Website. Auch die sog. Stickyness (oder Stickiness) ist eine typische Größe, die neben der Klickrate die Zeit misst, die ein „Kunde" in einem gegebenen Zeitraum auf einer Seite verbringt. Damit kann gemessen werden, wie sehr ein Kunde an einer bestimmten Seite (und dem Inhalt) „klebt".

Zusammenfassend können wir festhalten, dass wir drei verschiedene Tools für eine Analyse benötigen:
1. Ein Tool, das wie ein Webcrawler öffentlich zugängliche Diskussionen nach vorgegebenen Kriterien untersucht.
   Mit diesem Tool werden die Rohdaten für eine Analyse zusammengetragen.
2. Ein Tool, das die gesammelten Texte automatisiert auswertet.
   Eine automatisierte Textauswertung hat einen großen Vorteil: Sie schließt subjektive Bewertungen aus. Andererseits hat sie aber auch den Nachteil, dass sie nie völlig fehlerfrei arbeitet, daher sind regelmäßige menschliche Kontrollen unbedingt erforderlich.
3. Eine Site Analytics, mit der wir Informationen über Besucher einer Website gewinnen können.
   Mit der Site Analytics (wie z. B. Google Analytics) können eine Home Page oder auch eine Landing Page für eine spezielle Kampagne untersucht werden.
Diskussionen in sozialen Medien entwickeln sich oft sehr schnell. Es ist daher umso wichtiger, zu jedem Zeitpunkt einen Überblick über das Geschehen zu haben.

Historisch gesehen waren die ersten Tools, mit denen man Online-Veröffentlichungen verfolgt hat, Online-Clipping-Services. Hier fand noch keine Auswertung statt, es wurden lediglich die Links auf relevante Online-Textstellen gesucht und zusammengestellt. Dafür wurden identifizierte zugängliche Quellen auf bestimmte Themen hin gescannt und Treffer in eine Liste aufgenommen.

Während diese Clipping-Services einen Eindruck über Stimmungen vermitteln konnten, gehen neuere Reporting Tools deutlich darüber hinaus und bieten eine detailliertere Auswertung. Heute übliche Übersichten bieten eine quantitative Auswertung, typischerweise mit einer zeitlichen Entwicklung. Dabei kann man die Texte nach den einzelnen sozialen Medien oder aber auch nach geographischen Gesichtspunkten sortieren. Man kann dann sehr schnell erkennen, in welchen Ländern bestimmte Themen gerade heiß diskutiert werden oder in welchen Medien diese Themen relevant sind.

Eine zweite Größe ist die Bewertung oder Tonalität, mit der die Themen diskutiert werden. Hier wird typischerweise einfach zwischen „positiv", „neutral" und „negativ" unterschieden. Eine zu granulare Skala, wie sie in klassischen Auswertungen oft vorgenommen wurde, ist eher unüblich.

Schließlich wird auch die Entwicklung der Tonalität über einer Zeitachse dargestellt. Damit werden Meinungstrends erkennbar.

Dashboard

Verbindet man diese Größen mit der elementaren Größe der Reichweite, so kann man mit diesen Daten einen Kompass oder ein Dashboard erstellen, aus dem man jederzeit den Stand der Dinge ablesen kann – ähnlich wie bei einem Kontrollpult eines Kraftwerks.

Ein typisches Dashboard auf Ergebnis-Ebene misst zwei oder drei Parameter von Besuchern einer Site, bezogen auf das jeweilige soziale Medium, von dem die jeweiligen Besucher verwiesen worden sind. Zu diesen Parameters gehören typischerweise

• die Anzahl der Besuche
• die Stickyness und
• die Zeit, die ein Besucher auf der Site verbleibt.

In einem Social Media Dashboard werden alle relevanten Größen einer Analyse zusammengetragen und in einer Übersicht dargestellt. Es eignet sich als Management Summary, aber auch als Tool für die Spezialisten, um die eigenen Aktivitäten zu priorisieren und damit die eigene Effektivität („die richtigen Dinge tun") und Effizienz („Dinge optimiert tun") zu steigern.

Die Anzahl der kommerziell verfügbaren Dashboards ist in jüngster Zeit stark gewachsen und man kann mit einer kleinen Internet-Recherche sehr schnell eine Reihe von Anbietern ausfindig machen. Bei der Auswahl des für Sie geeignetsten Tools beachten Sie, ob es tatsächlich die Parameter erfasst, die aufgrund Ihrer Zielvorgabe für Sie wichtig sind. Ein weiteres wichtiges Kriterium bei der Auswahl der richtigen Dashboards ist seine Flexibilität, d. h. es sollte sich schnell umkonfigurieren lassen, bzw. sich auf Ihre individuellen Bedürfnisse anpassen lassen, wenn sich Ihre Zielvorgaben ändern.

Abschließend ein Beispiel aus der Praxis, das aufzeigt, welche Fragen man sich bei der Auswahl der richtigen Messmethoden und Parameter stellen sollte. Um die Wirkung von Kampagnen in Twitter zu messen, haben sich Standards wie z. B. Größen wie der sog. Klout Score etabliert. Derartige Größen geben Auskunft über die Wirkung, die von einem Account ausgeht. Da Unternehmen aber typischerweise alle ihre Kampagnen über einen einzigen Account ausführen, ist es praktisch unmöglich, Aussagen über einzelne Kampagnen zu gewinnen – wenn diese nicht zeitlich deutlich voneinander getrennt sind.

Abhängigkeit von Branchen

15

Saskia Riedel

Size matters – Kleine und mittelständische Betriebe haben es grundsätzlich einfacher, ihr eigenes Unternehmen zu überblicken, kürzere Abstimmungswege, menschlichere, ehrlichere Kommunikation, alles ist nahbarer. Social Media-Richtlinie bei McFit lautet beispielsweise kurz und knapp: „Sei auch im Internet kein Idiot[1]". Daraus spricht Vertrauen auf die Mitarbeiter, Vertrauen auf eine eher homogene aus jüngeren, internetaffinieren Menschen geprägte aktive Kultur.

In altehrwürdigen, sehr großen Konzernen ist das nicht ohne Weiteres übertragbar, aber eben auch deshalb weil das Unternehmen durch seine eigenen Strukturen, Mikromanagement, inhaltsleere Messages, Selbstbeweihräucherung usw. oft Stoff genug liefert, über den sich nebenbei oder nach Dienstschluss ablästern lässt, wenn Mitarbeiter auch Menschen, Kunden, Freunde und in Netzwerken aktiv sind. In Konzernen entfällt ein Großteil der Arbeitsenergie auf Abstimmung und „Office Politics". Was Mitarbeiter nicht im Unternehmen tun dürfen, tun sie unter Umständen eben außerhalb. Und gerade wenn es darum geht, sich den Frust von der Seele zu schimpfen, bieten Social Media Kanäle wie Kununu oder boocompany Foren, in denen wiederum auch „New Talents" unterwegs sind, um potenzielle Arbeitgeber zu durchleuchten.

In unterschiedlichen Branchen ist die Dynamik bei der Einführung neuer Technologien durchaus unterschiedlich. Das gilt auch für soziale Medien. Die Akzeptanz, der Einsatz von sozialen Medien, die Art der Medien und die Anwendungen können sehr unterschiedlich sein. In diesem Abschnitt werden zwei Beispiele behandelt. Dirk Eggers diskutiert einen speziellen Bereich der IT-Industrie und Bhaskar Sambasivan widmet sich der Pharma-Branche.

---

[1] Unveröffentlichte interne Quelle.

S. Riedel (✉)
Kaiserslautern, Deutschland
E-Mail: riedel.saskia@gmx.de

R. Leinemann (Hrsg.), *Social Media,* Xpert.press,
DOI 10.1007/978-3-642-36476-1_15, © Springer-Verlag Berlin Heidelberg 2013

„Mein Kunde weiß Bescheid" – Der indirekte Einfluss sozialer Medien auf die IT-Beratung

Dirk Eggers

Einleitung

Dieser Beitrag befasst sich mit der Fragestellung, ob eine durch die Nutzung sozialer Medien hervorgerufene Verhaltensänderung bei den Kunden von IT-Beratungsunternehmen und selbständigen IT-Beratern wiederum eine Verhaltensänderung auf Seiten der Berater ausgelöst hat. Wenngleich soziale Medien sicher auch die Form der Nutzung und des Betriebs von IT-Systemen verändert haben, liegt der Fokus der Betrachtung hier insbesondere auf der Änderung des Kundenverhaltens bei IT-Investitionsentscheidungen, die ja häufig durch Berater vorbereitet und begleitet werden.

Grundlage dieses Beitrags sind die persönlichen Erfahrungen des Autors über einen Zeitraum von 15 Jahren, in denen er als IT-Berater in einer Vielzahl von DAX-gelisteten und auch ausländischen Unternehmen in den Bereichen IT Service Management und Customer Relationship Management beraten hat.

Die „Branche" IT-Beratung

Das Aktionsfeld der IT-Beratung kann weit gefasst werden. Nach der in der Beraterbranche üblichen Einteilung in die Felder Strategieberatung, Personalberatung und Technologieberatung ist die IT-Beratung in der Regel dem letzteren zuzurechnen. Aufgrund der Komplexität der Aufgabenstellung ist die IT-Beratung durch eine weit aufgefächerte fachliche Spezialisierung gekennzeichnet. Die Arbeit reicht von der Programmiertätigkeit, also einer sehr techniknahen Seite, bis hin zum Coaching von

D. Eggers (✉)
Unabhängiger Berater, Neu-Isenburg, Deutschland
E-Mail: dirk.eggers@breccia.de

R. Leinemann (Hrsg.), *Social Media,* Xpert.press,
DOI 10.1007/978-3-642-36476-1_16, © Springer-Verlag Berlin Heidelberg 2013

IT-Managern, also einer Seite, in der durchaus auch strategische Aspekte eine Rolle spielen.

Zentraler Inhalt der Dienstleistung, die die IT-Beratung für ihre Kunden erbringt, ist die Unterstützung bei der Auswahl oder der Erstellung, bei der Einführung, beim Betrieb und bei der Weiterentwicklung von IT-Systemen. Beratungsgegenstand der Lösungen sind dabei sowohl Hard- und Software, als auch Betriebsprozesse oder Personaleinsatz und -entwicklung.

Die IT-Beratung wird von verschiedenen Marktteilnehmern erbracht. Zum einen sind da die Hersteller von IT-Systemen oder auch IT-Systemkomponenten, die ihre Kunden auch bei der Einführung und beim Betrieb der Systeme beraten. Darüber hinaus gibt es eine Vielzahl von meist mittelständischen IT-Beratungs- oder IT-Systemhäusern, die diese Beratung teils herstellerunabhängig und teils in enger Partnerschaft mit einem oder mehreren Herstellern am Markt anbieten. Ferner gibt es gerade in dieser Branche Tausende von Freiberuflern, die spezialisiert auf ein bestimmtes Themengebiet, Beratungsleistungen erbringen.

In unserer Betrachtung nimmt die IT-Beratung zwei Positionen ein. Zum einen unterstützt sie ihre Kunden beim Treffen der IT-Investitionsentscheidungen. Zum anderen ist sie selbst als Anbieter von IT-Dienstleistungen Teil der Investition.

Methoden der klassischen Informationsbeschaffung bei IT-Investitionsentscheidungen

Die Entscheidungsfindung für eine IT-Investition kann bei den meisten Unternehmen in zwei Phasen unterteilt werden, in denen sich auch die Formen der Informationsbeschaffung unterscheiden. In der ersten Phase werden von den Beteiligten in den Unternehmen Informationen gesammelt und ausgewertet, um zu entscheiden, ob überhaupt eine Investition getätigt werden sollte. Bei positiver Entscheidung werden in der zweiten Phase dann Informationen bzgl. der Investitionsalternativen beschafft und analysiert.

Der Wunsch, eine Investition in die IT zu tätigen hat oft unternehmensinterne Ursachen. Vor zehn bis 15 Jahren fanden sich z. B. im Bereich des IT Service Managements noch zahlreiche manuelle Verfahren im Einsatz, so dass sich die Unternehmen durch die Einführung von IT-Systemen zur Ablösung dieser Verfahren eine Verringerung der Fehlerhäufigkeit und damit eine Qualitätssteigerung, Effektivitätssteigerungen und Kostensenkungseffekte versprachen.

Informationen über neue IT-Systeme, die dies leisten sollten, wurden aus der Fachpresse entnommen oder bei Messebesuchen gewonnen. Eine wichtige Informationsquelle war und ist bis heute auch persönliche Kontakte der Entscheider. Eine wichtige Plattform für die Informationsbeschaffung sind dabei vor allem Verbands- und Branchentreffen, bei denen auch ein Austausch mit Mitbewerbern möglich ist.

Ist die Entscheidung für die Investition getroffen, gilt es dann in Phase zwei den passenden Anbieter und den oder die Implementierungspartner zu finden. In dieser Phase werden die Internetpräsenzen der Systemanbieter, sowohl der Hersteller als auch der Beratungs- und Systemhäuser, besucht und auch gezielt Informationen von

Analysten über die potentiellen Lieferanten abgerufen. Ferner werden im Rahmen von Toolevaluierungsprojekten Fragebögen an Hersteller und Beratungshäuser versendet. Eine weitere klassische Informationsquelle sind von Herstellern organisierte Anwendertreffen, die häufig über die Präsenzveranstaltungen hinaus noch weitere Informationsforen z. B. im Internet oder über Mailing-Listen bieten. Als Beispiele können hier die SAPPHIRE der SAP oder die Remedy User Group, die inzwischen in der BMC User World aufgegangen ist, genannt werden.

Anwendertreffen haben besonders bei Ersatz- und Erweiterungsinvestitionen, wenn das Unternehmen also schon Kunde ist und seine bereits getätigte Investition über den Zeitverlauf sichern möchte, einen hohen Stellenwert. Ist hier doch neben einer direkten Informationsgewinnung aus erster Hand insbesondere auch der Austausch mit Gleichgesinnten gegeben.

Veränderung des Kundenverhaltens durch den Einfluss sozialer Medien

Neben den sozialen Netzwerken wie Facebook, Xing oder LinkedIn haben auch andere soziale Medien wie der Kurznachrichtendienst Twitter oder Videoportale wie YouTube das Verhalten der Kunden beeinflusst. Ferner beeinflussen mehr oder minder unabhängige Themenportale oder Blogs die Investitionsentscheidungen. Alle diese Medien bieten auf ihre Weise Möglichkeiten der Informationsverbreitung und -beschaffung, und alle zeichnen sich durch die Möglichkeit der Interaktion aus.

Will man den Einfluss der sozialen Medien auf das Kundenverhalten beschreiben, kann man einerseits den informellen Informationsaustausch zwischen Anwendern und andererseits die gezielte Ansprache der Kunden durch die Anbieter von IT-Lösungen unterscheiden. Dazwischen finden sich die Blogs und Themenportale.

Die schon in der Vergangenheit relevanten persönlichen Kontakte der Entscheider in den Unternehmen haben sich gewissermaßen auch in die sozialen Netzwerke übertragen und fallen in die Rubrik des informellen Informationsaustauschs. War es in der Vergangenheit außerhalb von Branchentreffen allerdings recht mühselig, die Strategie hinter IT-Investitionen oder die Erfahrungen mit bestimmten Systemen abzufragen, bieten die sozialen Netzwerke hier heute eine leicht zugängliche Diskussionsplattform.

Der Bereich der Themenportale und Blogs übernimmt vermehrt die Aufgabe, die in der Vergangenheit der Fachpresse und auch spezialisierten Analysten zukam. Es überrascht daher kaum, dass sowohl Fachpresse als auch Analysten ihre Informationen heute auch über diesen Weg anbieten. Z. T. fließen über diese Kanäle aber auch Informationen, die früher im Rahmen von Ausstellungen und Messen gewonnen wurden.

Haben viele Hersteller von IT-Systemen oder IT-Systemkomponenten ihre Präsenz in den sozialen Netzwerken anfänglich hauptsächlich unter dem Aspekt des Personalrecruitings betrachtet, werden diese Plattformen heute von ihnen vermehrt auch zur Kundenansprache genutzt. Global Player wie SAP, IBM oder BMC Software haben bereits auf ihren jeweiligen Homepages Links zu Facebook und Twitter prominent platziert und laden die Besucher ein, „Fan" bzw. „Follower" zu werden. Auf YouTube finden sich zahlreiche Videos, die die angebotenen Produkte und deren Nutzung veranschaulichen und Kommentare potentieller Anwender anziehen. Diese Art der Interaktion mit potentiellen Kunden ersetzt so z. B. Produktpräsentation und persönliche Gespräche auf Messen oder Anwendertreffen.

So gesehen ersetzt oder ergänzt die Nutzung sozialer Medien andere Formen der klassischen Informationsgewinnung. Die Änderung des Kundenverhaltens, die tatsächlich beobachtet werden kann, erklärt dies nur teilweise. Der Informationsaustausch ist leichter möglich und die Menge an Informationen größer. Dies kann natürlich Einfluss auf die Entscheidungsfindung bei IT-Investitionen nehmen.

Betrachtet man nun aber die Seite der Informationsempfänger selbst, so wird hier ein signifikanter Unterschied zu früher sichtbar. War die Informationsbeschaffung in der Vergangenheit auf einige wenige Personen in den Unternehmen beschränkt – eine Messe oder Anwenderveranstaltung kann in der Regel schon aus Kostengründen nur von ausgesuchtem Personal besucht werden, so eröffnet die Nutzung sozialer Medien die Möglichkeit der Informationsgewinnung durch eine große Zahl von Mitarbeitern, sowohl von Entscheidern als auch von Nutzern der IT-Systeme, gleichzeitig.

Insbesondere die Tatsache, dass auch breite Anwenderschichten in den Unternehmen frühzeitig eine Fülle von Informationen über die Investitionsalternativen haben, führt heute häufig zu einer anderen Bewertung der Alternativen. Die Nutzer artikulieren quasi ihre Systemwünsche in Richtung der Entscheider. Dies kann von Vorteil sein, da das beim Anwender vorhandene und für eine Investitionsentscheidung notwendige Fachwissen, das in der Vergangenheit erst in Workshops zur Anforderungsanalyse abgefragt werden musste, oft aber auch gar nicht beachtet wurde, heute schon in einer früheren Phase einfließt. Z. T. liefert es sogar den Anstoß, eine IT-Investition zu tätigen.

Was einerseits als Vorteil betrachtet werden kann, birgt auf der anderen Seite auch Gefahren. Durch den massenwirksamen Austausch in sozialen Medien, befeuert durch gelungene Marketingkampagnen der Hersteller, entwickeln sich, wie in der Konsumgütersparte auch, schnell Modeerscheinungen. Manche IT-Systeme gelten dann als trendy, andere als altbacken. Was „in" ist und „sexy" aussieht, wird von den Anwendern in den Unternehmen gewünscht. Die Entscheider, z. T. auch selbst davon beeinflusst, geben diesem Druck nach, ohne eine objektive Toolevaluierung auf Basis der fachlichen Eignung und unter strengen Kosten-Nutzen-Aspekten durchzuführen.

Einem IT-Berater, der seine Kunden gerade in einer frühen Phase einer geplanten Investition unterstützt, fällt außerdem auf, dass z. B. in Workshops zur Vorbereitung einer Ausschreibung oder auch in Workshops zur Toolevaluierung eine Verhaltensänderung durch die Nutzung sozialer Medien eingetreten ist. Wurde in der Vergangenheit das fachliche Know-How des Beraters, vor allem aber seine Erfahrung und sein Wissen aus vorangegangenen Projekten anderer Kunden eingefordert, um es mit den eigenen Anforderungen abzugleichen, werden heute vielfach die Erfahrungen anderer Unternehmen, die sich über soziale Netzwerke verbreiten, vom Kunden selbst in die Diskussion eingebracht. Stellt dies oftmals eine Bereicherung dar, da es auch zur Hinterfragung von Randaspekten führen kann, ist gerade dies auch häufig problematisch. Dem Berater wird die ja ebenfalls von ihm eingeforderte

Steuerung des Diskussionsprozesses erschwert, da der „vermeintlich" gut informierte Anwender eine Vielzahl von möglichen guten wie schlechten Erfahrungen mit den zur Entscheidung stehenden IT-Systemen diskutieren möchte. Dies kostet Zeit und ist aufgrund der abweichenden Kundensituationen, die nun wiederum häufig nicht ausreichend in den sozialen Medien thematisiert werden, von eher geringem Nutzen.

Verhaltensänderung der IT-Berater

Wie anfänglich erwähnt, nimmt der IT-Berater in unserer Betrachtung zwei Positionen ein. Auf beiden muss er auf die Verhaltensänderung seiner Kunden reagieren und tut dies wiederum mit der Anpassung des eigenen Verhaltens.

Als Anbieter von IT-Dienstleistungen ist er natürlich heute bestrebt, selbst in den sozialen Netzwerken präsent zu sein. Lag der Schwerpunkt der Kundenansprache in den vergangenen Jahren ganz deutlich bei der Bedienung der klassischen Kanäle, so wird seit neuerer Zeit vermehrt der Einsatz sozialer Medien forciert. Vor zehn bis 15 Jahren war es auch für kleine und mittelständische Beratungshäuser wichtig, auf den einschlägigen Messen und Branchentreffen vertreten zu sein. Es wurde auch versucht, Beiträge über die eigenen Dienstleistungen in der Fachpresse zu platzieren. Darüber hinaus wurde die eigene Internetseite gestaltet und möglichst so optimiert, dass die häufig genutzten Suchmaschinen bei Eingabe entsprechender Schlagworte die eigene Seite hervorbrachten.

Im Vergleich zu diesen Bestrebungen sind die Aufwände für eine gezielte Nutzung sozialer Medien überschaubar, was gerade für kleine und mittelständische Beratungshäuser sowie selbständige Berater neue Möglichkeiten eröffnet. So gibt es schon eine ganze Reihe von IT-Beratern, die neben der aktiven Mitarbeit in Foren und Netzwerken auch eigene Blogs betreiben.

Sich der intensiven Nutzung sozialer Medien durch ihre potentiellen Kunden bewusst, nutzen IT-Beratungshäuser heute auch die Möglichkeiten des Hypertargetings und schalten so gezielt Werbung für ihre Dienstleistungen in sozialen Netzwerken.

Als Begleiter im Entscheidungsprozess für eine IT-Investition sind die Berater hingegen gezwungen, direkt auf die Änderung des Kundenverhaltens einzugehen. Idealerweise öffnet sich der Berater für die neuen Diskussionen im Rahmen von Workshops. Stand in der Vergangenheit in der Regel das fachlich Rationale im Mittelpunkt, muss der Berater jetzt häufig auch emotionale Aspekte bei Investitionsentscheidungen in seine Arbeit einbeziehen. Als Arbeitsvorbereitung werden heute daher auch soziale Medien gesichtet, um herauszufinden, welche Methoden und Systeme z. Zt. gerade „in" sind.

Eine weitere klassische Aufgabe des Beraters besteht darin, im Vorfeld einer größeren Investition in die IT-Systeme, die Anwender, für die dies Änderungen in ihrer Arbeitsweise bedeutet, zu motivieren und vom Nutzen der neuen Systeme zu überzeugen. Der Berater „verkauft" sozusagen im Auftrag des Managements die IT-Investition nach innen.

Durch die beschriebene Verhaltensänderung der Kunden sieht sich der IT-Berater heute nun auch in der Situation, die durch die sozialen Medien geförderte Erwartungshaltung der Systemanwender gegenüber dem Management zu „verkaufen", da die Anwender bestrebt sind, ihre Wünsche von unabhängiger Seite legitimieren zu lassen.

Fazit und Ausblick

Die durch die Nutzung sozialer Medien hervorgerufene Verhaltensänderung bei den Kunden der IT-Berater hat indirekt auch zur Verhaltensänderung der Berater selbst geführt. Dies ist insbesondere im Vorfeld von IT-Investitionsentscheidungen zu erkennen.

Je mehr die sozialen Medien hier andere Kommunikationskanäle ersetzen oder ergänzen, desto mehr sind natürlich auch die IT-Beratungsunternehmen in diesen Medien aktiv. Neben der Verhaltensänderung in Bezug auf die Kundenansprache und damit auf vertriebliche Aspekte, ist bei den IT-Beratern aber auch eine Veränderung ihres Verhaltens im Rahmen von Kundenprojekten selbst zu beobachten. Dies ist der Tatsache geschuldet, dass die Mitarbeiter der Kunden als Nutzer sozialer Medien den Beratern gegenüber selbstbewusster auftreten.

Als Folge dieser Entwicklung wird der IT-Berater immer häufiger auch die Rolle eines Vermittlers einnehmen müssen, eines externen Sachverständigen, der eine Lösung skizzieren und entwickeln muss, die einen Ausgleich zwischen den Interessen des Managements und den Bedürfnissen der informierten IT-Anwender des Kunden schaffen kann.

Social Media in pharmazeutischen Unternehmen

17

Bhaskar Sambasivan

Nutzt die pharmazeutische Industrie die Möglichkeiten von Facebook, Twitter usw. wirklich optimal aus?

Groß, vielgestaltig und mächtig – dies sind nur ein paar Adjektive für die neuen sozialen Netzwerke, die unserer Kommunikation verändert haben. Fakt ist, dass sich vier von fünf Internetnutzern aktiv in sozialen Netzwerken – der sogenannten „Social Media" engagieren. Aber auch Unternehmen entdecken mehr und mehr, welches enorme Potenzial diese Netzwerke für die Kommunikation mit ihren Kunden bergen. Speziell für die pharmazeutische Industrie bieten sie sich als Brücke zu den Endanwendern an.

Etwa 74 %[1] der pharmazeutischen Unternehmen setzen inzwischen auf Social Media. Der Anteil in dieser Branche ist überraschenderweise sogar deutlich höher als beispielsweise bei den Finanzdienstleistern und im Einzelhandel. Viele pharmazeutische Unternehmen posten regelmäßig auf Twitter und Facebook. Einige gehen sogar noch weiter und verwenden Social Media, um das Bewusstsein für Gesundheitsfragen zu schärfen oder über Corporate-Social-Responsibility-Projekte zu berichten. Manche nutzen die neuen Möglichkeiten auch, um direkt mit den Endkunden, also den Patienten, in Kontakt zu treten und ihnen Echtzeitdienstleistungen anzubieten.

Die Chancen

Vor allem bei übergreifenden Image-Strategien auf Basis von umfangreichen Datenanalysen bergen Social Media einzigartige Chancen. Die Analyse der Kundenkommentare in sozialen Netzwerken ist eine willkommene Möglichkeit, das Image

---

[1] http://www.cognizant.com/InsightsWhitepapers/Adaptive-Social-Media-in-Life-Sciences.pdf

B. Sambasivan (✉)
Cognizant, London, UK
E-Mail: Bhaskar.Sambasivan@Cognizant.com

R. Leinemann (Hrsg.), *Social Media,* Xpert.press,
DOI 10.1007/978-3-642-36476-1_17, © Springer-Verlag Berlin Heidelberg 2013

einer bereits etablierten Marke zu erfassen. Zudem liefern sie Informationen über die Wünsche der Patienten und die Behandlungsgewohnheiten der Ärzte. Dieses Wissen kann helfen, datengetriebene Geschäftsmodelle zu ergänzen und den Grundstein für ein agileres, kundenorientierteres Konzept legen. Außerdem gibt die eigene Social Media-Präsenz Organisationen die Gelegenheit, ihre Spitzenstellung zu demonstrieren und rufschädigende Kritik abzumildern, indem man hier für Produktsicherheit und Transparenz eintritt.

Ein weiterer mit Social Media verbundene Chance ist das sogenannte Crowd-Sourcing: Viele Pharma-Unternehmen wie etwa Sanofi oder GSK nutzen das Crowd-Sourcing aktiv, um Innovationen und Ideenfindung voranzutreiben. Dabei fragen die Unternehmen Patienten, Ärzte, Partner oder andere externe Organisationen auf ihrer Website oder über Social Media explizit nach Ideen und Anregungen bezüglich ganz bestimmter Probleme und Herausforderungen im Markt.

Das Problem der Reglementierung

Dennoch zögern viele Unternehmen noch damit, auf Social Media zu setzen. Das erklärt sich daraus, dass die pharmazeutische Industrie zu den am stärksten reglementierten Branchen gehört. Strikte Compliance-Anforderungen und die Angst, Aufsichtsbehörden durch Social Media-Kampagnen gegen sich aufzubringen, halten die Unternehmen davon ab, auf den Zug aufzuspringen. Zum Beispiel müssen pharmazeutische Unternehmen in den USA die Richtlinien der Division of Drug Marketing, Advertising, and Communications (DDMAC) erfüllen. Diese Abteilung der Food and Drug Administration (FDA) soll sicherstellen, dass Informationen über verschreibungspflichtige Medikamente wahrheitsgetreu an die Öffentlichkeit gebracht werden. Während die Richtlinien für Printmedien sowie Rundfunk und Fernsehen eindeutig formuliert sind, bestehen Lücken, was die Social Media-Kanäle und deren wachsende Bedeutung für die Patientenkommunikation betrifft.

Abgesehen davon läuft die Social Media-Kommunikation auch den Berichtspflichten zuwider. Hersteller, Verpacker und Distributoren sind gefordert, den Aufsichtsbehörden alle bekannten Berichte über Nebenwirkungen von Medikamenten mitzuteilen. Angesichts der allgemeinen Verfügbarkeit sozialer Netzwerke besteht hier die Gefahr, dass Patienten ungenaue und nicht verifizierte Daten an die Öffentlichkeit bringen, die sich schwer überprüfen lassen.

Während die Aufsichtsbehörden noch an den klaren Richtlinien arbeiten, versuchen viele Unternehmen Social Media bereits innerhalb der existierenden Regelwerke zu nutzen. Wichtig ist es dabei jedoch, mögliche Risiken abzumildern. Dabei helfen folgende Maßnahmen:

- Arbeiten Sie klare Richtlinien für das Engagement in Social Media aus.
- Stellen Sie sicher, dass Sie die aktuellen gesetzlichen Beschränkungen verstanden haben.
- Bleiben Sie im Dialog mit Ihrer Rechtsabteilung und verfolgen Sie die Nachrichten bezüglich etwaiger Gesetzesänderungen.

- Bestärken Sie die Aufsichtsbehörden darin, Fragen im Zusammenhang mit Social Media unter Mitwirkung der Industrie zu untersuchen und zu beantworten.

Social Media – die Büchse der Pandora?

Eines der Argumente, das häufig gegen die Nutzung sozialer Netzwerke in Unternehmen ins Feld geführt wird, bezieht sich auf die fehlende Möglichkeit, unkorrekte oder unangemessene Kommentare zu moderieren. Markenauftritte in Social Media sind anfällig für negative Kommentare von enttäuschten Kunden oder auch von Aktivisten oder Gruppen mit bestimmten Interessen. Angesichts der mangelenden Kontrolle über irreführende Informationen in der Öffentlichkeit, hegen viele Unternehmen Vorbehalte gegenüber Social Media. So mussten im August 2011 viele pharmazeutische Unternehmen ihre Facebook-Seiten abschalten, nachdem Facebook ihnen die Möglichkeit entzogen hatte, öffentliche Kommentare zu moderieren. Dies bezog sich vor allem auf Facebook-Seiten zu ganz bestimmten Arzneimitteln.

Ein Risiko liegt auch in der Vollständigkeit der Daten, die in bestimmten therapeutischen Bereichen erfasst werden. Das Engagement der Social Media-Nutzer kann nämlich abhängig von Art und Stadium ihrer Erkrankung stark variieren. So gibt es zum Beispiel Erkenntnisse, dass Brustkrebspatienten zwölfmal stärker engagiert sind als Patienten mit Diabetes[2], da Diabetes als besser beherrschbar gilt als Krebs oder HIV. Das Risiko nicht beweiskräftiger Analysen sollte von pharmazeutischen Unternehmen unbedingt berücksichtigt werden, wenn sie Daten über Social Media-Kanäle erfassen.

So wird es richtig gemacht

Ungeachtet aller Restriktionen gibt es einige pharmazeutische Unternehmen, die Social Media innovativ und wirkungsvoll nutzen. Pfizer zum Beispiel genießt für sein Engagement auf Facebook und Twitter den besten Ruf. Das Unternehmen hat auf Twitter die meisten Follower und ist auf Facebook das Pharma-Unternehmen mit der drittgrößten Anzahl an ‚Gefällt mir'-Klicks. Und Johnson & Johnson schuf sich eine aktive soziale Präsenz mithilfe eines Blogs, der einen Mix aus Mitarbeiterbeiträgen, Wellness-Informationen und Firmen-Inhalten enthält, ergänzt durch YouTube- und Facebook-Seiten über CSR-Projekte des Unternehmens. Ein weiteres Beispiel ist der Twitter-Account des deutschen Arzneimittelherstellers Boehringer Ingelheim, der nicht nur über rezeptpflichtige Medikamente berichtet, sondern auch prominente Twitterer wie Lance Armstrong und Stephen Fry, Blogs und YouTube-

---

[2] Melissa Davies, "Understanding the Impact of Social Media," Return on Focus, June 2010 http://goo.gl/TRPvn

Videointerviews zu bieten hat. Der Twitter-Account von Boehringer hat mehr als 10.000 Follower.

Den meisten Unternehmen ist klar, dass Social Media wichtig sind. Die Herausforderung aber liegt darin, diese Plattformen sinnvoll einzusetzen und aktuelle Erfahrungen in messbare Daten und Ergebnisse zu verwandeln. Die Nutzung von Twitter und Facebook für die Kundenkommunikation, den Markenaufbau und die Imagepflege kann nur der Anfang sein. Nur wenige Unternehmen haben ein lückenloses Konzept dafür, wie sie mit Hilfe von Social Media mit Konsumenten in Dialog treten, das Renommee ihrer Produkte, Dienstleistungen und Marken verbessern und letztendlich ihren Absatz und ihre Profitabilität steigern können. Im nächsten Schritt sind deshalb Aktionen und Investitionen in folgenden Bereichen erforderlich:

- *Rekrutierung und Bindung fähiger Mitarbeiter*: Potenzielle Mitarbeiter richten ihre Bewerbungen unter Umständen bevorzugt an Unternehmen, die auf kreative und innovative Weise von Social Media Gebrauch machen.
- *Crowdsourcing*: Ein Beispiel hierfür ist die Kooperation von Boehringer Ingelheim mit Kaggle. Diese Plattform löst auf dem Weg spielerischer Wettbewerbe komplexe wissenschaftliche Probleme.
- *Branchenübergreifende Kooperation*: Tools in der Art von Cognizant 2.0 ermöglichen Mitarbeitern die Echtzeit-Interaktion, was positive Auswirkungen auf die Effizienz und Produktivität hat.
- *Schaffung von Online-Communitys*: Kunden können darin miteinander interagieren, um ihre Erfahrungen mit Arzneimittelmarken auszutauschen. Ebenso besteht die Möglichkeit zum Dialog mit dem Hersteller – in Echtzeit und ohne aufwändige E-Mails oder Kundendienstanfragen. Im Gegenzug können Organisationen besser verstehen, welche Vorlieben ihre Kunden haben und wer diese Vorlieben im Internet beeinflusst.

Pharmazeutische Unternehmen haben bereits die nötige Erfahrung bezüglich Datenerfassung und -analyse und wie man daraus geschäftlichen Nutzen generiert. Neue flexible Prozesse wie das adaptive Design ergeben Grundstrukturen, die sich auf andere geschäftliche Bereiche übertragen lassen und die Voraussetzungen für kosteneffizientere, entscheidungsorientiertere Verfahren schaffen.

Ebenso wie andere neue Technologien müssen auch Social Media-Tools auf geordnete Weise in die Praxis integriert werden. Nur durch eine sorgfältige Einführung und unter Einhaltung sämtlicher relevanter Regeln und Vorgaben lässt sich ihr Innovationspotenzial richtig freisetzen. Die Mitarbeiter des neuen Jahrtausends verkörpern eine neue Generation, für die der Umgang mit sozialen Netzwerken etwas Alltägliches ist. Eine Organisation, die dieser Generation des digitalen Zeitalters die passenden Werkzeuge in die Hand gibt, kann ihre allgemeine Leistungsfähigkeit wirksam verbessern.

Teil IV
Internationale Entwicklungen

Im Social Web der Mitte

18

Björn Eichstädt und Celia Wei

Einführung

Jeder vierte Internetnutzer ist Chinese. Doch Facebook, Twitter, YouTube und Co. bekommen diese User nur selten zu Gesicht. Aus politischen und vor allem ökonomischen Gründen sind im Reich der Mitte die meisten der im Westen populären Social Networks ausgesperrt. Ein schwarzes Loch, auch für die Aktivitäten deutscher Unternehmen, das sich zunehmend mit bunten chinesischen Web-Gewächsen füllt. Wer das größte nationale Internetpublikum der Erde auf sozialen Plattformen erreichen möchte, der muss sich mit Netzwerken wie Sina Weibo, Renren oder QQ anfreunden. Immer mehr deutsche Unternehmen und internationale Accounts tummeln sich inmitten der begeisterten chinesischen User – und bekommen manchmal auch den chinesischen Shitstorm zu spüren.

Chinesen sind vor allem: Viele! 300 Mio. Social-Media-Nutzer, fast 500 Mio., die in den nächsten zwei Jahren erwartet werden (http://www.chinainternetwatch.com/966/social-network-users-in-china-to-reach-488-million-in-2015/) – China mausert sich hinter den Mauern der Sprachbarriere zur größten Social-Networking-Nation der Welt. Denn nicht die Great Chinese Firewall trennt uns im Westen von den erfolgreichen chinesischen Networks (diese sperrt westliche Networks aus, doch chinesische nicht ein). Allein, die für fast alle Westler kryptischen chinesischen Zeichen verwehren den Zugang zu Sina Weibo und Co. Während Facebook, Twitter, YouTube oder LinkedIn in Peking oder Shanghai schlicht nicht erreichbar sind und Google+ nur mobil oder eingeschränkt funktioniert, hat sich im Reich der Mitte eine

B. Eichstädt (✉) · C. Wei
Storymaker, Tübingen, Deutschland
E-Mail: b.eichstaedt@storymaker.de

C. Wie
E-Mail: c.wei@storymaker.de

R. Leinemann (Hrsg.), *Social Media,* Xpert.press,
DOI 10.1007/978-3-642-36476-1_18, © Springer-Verlag Berlin Heidelberg 2013

florierende Social-Media-Szene entwickelt, um dem chinesischen Hunger nach der digitalen Verknüpfung und Teilhabe Nahrung zu geben.

An der Spitze der Bewegung steht Sina Weibo (http://weibo.com/): der chinesische Microblog (auf Chinesisch: Weibo) Nummer eins, der in etwa die Funktionen von Twitter erfüllt. 250 Mio. User teilen hier Kurznachrichten, Followen und Entfollowen und tun auch sonst eine Menge Dinge, die wir im Westen von Twitter kennen. Neben Sina Weibo gibt es viele weitere Microblogging-Systeme – die Nr. 2 neben Sina ist Tencent Weibo (http://t.qq.com/); als stärkster Konkurrent aus der chinesischen Online-Schmiede Tencent in Lauerstellung (Audio-Interview der Autoren mit Tencent-Weibo-Chef Harrison Xing von Tencent: http://soundcloud.com/beichstaedt/interview-mit-harrison-xing). Sehr erfolgreich ist auch Renren (http://www.renren.com/), das „chinesische Facebook" mit derzeit 160 Mio. Usern. Das Netzwerk ist vor allem bei Studenten sehr beliebt, die sich mit bereits im echten Leben existierenden Freunden und Kommilitonen verknüpfen wollen. Wer dies eher beruflich tun möchte, der nutzt die LinkedIn-Entsprechung Ushi (http://www.ushi.com), ein chinesischer Begriff, das das „Elitäre" betont, für das Business-Networking. Bei den eher „Hosting"-orientierten Netzwerken stechen Youku (http://www.youku.com/) als Videoplattform und YouTube-Ersatz, sowie die Fotoplattform Yupoo (http://www.yupoo.com) (die trotz einer allgemeinen Zugänglichkeit von Flickr floriert) hervor. Neuere westliche Plattformen wie Soundcloud oder Instagram sind auch in China in der Regel frei zugänglich, solange sie noch im „Underground" operieren. Möglicherweise auch deshalb, weil sich die Etablierung von chinesischen Pendants wirtschaftlich noch nicht lohnt.

Keine Klone

Doch reine Klone sind die chinesischen Ersatz-Netzwerke nicht, wie man schön an Sina Weibo erkennen kann: die Microblogging-Plattform folgt eher dem sehr chinesischen „All in One"-Gedanken. Video, Audio, Gaming, Group-Chats etc. sind hier ebenso implementiert wie Zeichen- und Cartoon-Tools oder QR-Code-Generatoren. Wer Facebook bereits überladen findet, dem werden bei der Funktionsfülle von Sina Weibo die Augen übergehen. Auch die Breite der Möglichkeiten für Unternehmen, etwa die optische Anpassbarkeit und vielfältige Features, ist deutlich größer als in den westlichen Social-Media-Plattformen.

Über 50.000 Unternehmen sind inzwischen mit offiziellen Accounts bei Sina Weibo aktiv. Und auch deutsche Firmen tummeln sich in erstaunlicher Zahl: ob BMW oder Audi, VW oder Daimler, Siemens, Lufthansa, DHL, Adidas und Puma oder auch Städte-Marketing-Initiativen von Berlin bis Freiburg: das chinesische Social Web befindet sich auch aus deutscher Sicht bereits in einer heißen Erschließungsphase. Gerade die deutsche Automobilindustrie, in China derzeit erfolgreich wie nie, setzt im chinesischen Social-Web auf die große Gießkanne: allein Audi ist inzwischen in sechs unterschiedliche Networks aktiv – mit 370.000 Fans bei Renren, 240.000 Followern bei Sina Weibo oder 150.000 Followern auf Tencent Weibo auch durchaus erfolgreich. Volkswagen setzte sich mit seinem „The People's Car Project", einer Design-Crowdsourcing-Kampagne, die über 90.000 Ideengeber für das Auto der Zukunft aktivieren konnte, gleich ein Denkmal als Freund des chinesischen Volkes und langjähriger Ausrüster mit Automobilien: Die Kampagne wurde bei den Media China Branding & Market Awards als „Most Valuable PR Communications Campaign 2011" ausgezeichnet.

Die viralen Potenziale von ungewöhnlichen Aktionen im „Real Life" nutze zuletzt Adidas mit einer spannenden Kampagne: statt mit gigantischen Postern zu operieren, wie es in China noch immer zum guten Ton und Standard der Werbung gehört, versorgte der Sportartikelgigant Shanghaier U-Bahn-Stationen und Bushaltestellen mit Punching Balls. Unter dem Titel „Don't Waste Your Wait" sorgte sich Adidas hier um die Gesundheit der gestressten chinesischen Großstädter und promotete die Kampagne massiv in den sozialen Medien. Fotos von schlagenden, tretenden und Kungfu performenden Chinesischen wurden schnell zum Standard im chinesischen Social Web.

(Bilder link: http://www.thebrief.info/2011/08/adidas-ambient-media-subway/ oder http://www.evolife.cn/html/2011/60821.html)

Chinesen lieben Marken-Accounts

Die reine Existenz und schiere Größe von chinesischen Social Networks erklären allerdings nicht ausschließlich, warum sich gerade ein größerer Hype um sie entwickelt und auch zunehmend internationale Marken, Stars und ganz normale westliche User aktiv werden. Allein in den USA gibt es inzwischen eine halbe Million Sina Weibo Nutzer (http://www2.chinadaily.com.cn/cndy/2012-01/12/content_14426586.htm). Interesse an der östlichen Kultur ist sicherlich ein Grund dafür. Für kommerziell interessierte Unternehmensnutzer und Stars sind aber auch die User in chinesischen Social Networks mehr als interessant: Während westliche Netzwerker langsam die Nase voll von Brands an ihrem Stammtisch haben und sich die Bereitschaft vielen Marken-Accounts zu folgen in Grenzen hält, sind die kommerziell noch nicht gesättigten Chinesen geradezu verrückt nach Brands. Laut einer aktuellen Studie von McKinsey (http://csi.mckinsey.com/Home/Knowledge_by_region/Asia/China/2011_Annual_Chinese_Consumer_Survey.aspx) finden fast 60 % der Nutzer die Idee reizvoll, über Social Media mehr über Marken zu erfahren. Gerade Informationen im Social Web werden darüber hinaus als besonders glaubwürdig empfunden. Die sich daraus ergebenden Möglichkeiten wollen viele Unternehmen nutzen. Eine Umfrage von PR Newswire (http://www.marketwatch.com/story/pr-newswire-releases-study-on-social-media-adoption-by-companies-in-china-2011-11-18) ergab, dass 77 % der befragten Unternehmen bereits Microblogs in chinesischen Networks eröffnet haben. 87 % dieser Firmen agieren täglich im Social Web und beantworten dort Fragen der Nutzer. Die Investitionen haben sich zuletzt verdoppelt – eine weitere Verdoppelung wird für die kommenden 12 Monate erwartet.

Chinese Shitstorm

Aber auch in China ist das Leben für Unternehmen im Social Web nicht immer einfach. Als vor einiger Zeit ein Getränk aus dem Hause Coca Cola verdächtigt wurde, für den Tod eines 10-jährigen Jungen verantwortlich zu sein, führte ein einziger Post in Sina Weibo zu über 50.000 „Retweets" in gerade einmal zwei Stunden. Coca Cola konnte nur mit sehr schneller Reaktion und einer umfassenden Kooperation mit den chinesischen Behörden größeren Schaden von der Marke abwenden und die Öffentlichkeit davon überzeugen, dass das Unternehmen an dem veröffentlichten Vorfall keinerlei Schuld trug.

Nicht ganz so positiv ging die Konfrontation von Siemens mit dem bekannten chinesischen Blogger Luo Yonghao aus (http://www.chinadaily.com.cn/bizchina/2011-11/21/content_14130953.htm). Am Morgen des 21. November zerschmetterte dieser drei Kühlschränke vor dem Headquarter des Unternehmens in Beijing. Eine Reaktion auf die nach Meinung von Luo Yonghao unzureichende Qualität der Geräte und die Missachtung der mehrfachen Kritik an Siemens im Social Web, auf die das Unternehmen nicht reagierte. Doch nicht genug mit dieser Aktion: am 20. Dezember zerstörte der Blogger noch einmal zwanzig mangelhafte Kühlschränke, die er im ganzen Land eingesammelt hatte, auf der Bühne des Beijing Haidian Theaters. Und er war nicht allein: Mehrere Social-Web-Aktivisten beteiligten sich an der Aktion, beobachtet von der versammelten Presse des Reichs der Mitte. Obwohl die Motive von Luo weiterhin unklar sind, haben viele Chinesen inzwischen das Vertrauen in Siemens-Produkte verloren.

Das chinesische Social Web ist aufgrund seiner Größe und der Neugier der User ein Paradies für Unternehmen. Solange alles läuft. Wenn die Stimmung allerdings kippt und Unternehmen nicht schnell und angemessen reagieren, dann können die Social Media schnell zur Hölle im größten Internetmarkt der Erde werden. Deshalb ist es sinnvoll, sich Schritt für Schritt an die große Aufgabe zu machen – etwa durch den Start eines Sina-Weibo-Kanals, der die Highlights der Aktivitäten in Facebook und Twitter abbildet oder das Schaffen von Content-Channels, etwa auf Youku, die dabei helfen, die in Deutschland bereitgestellten Inhalte auch für chinesische Interessenten aufzubereiten. Ansonsten gilt, was auch im Westen Social-Web-Standard ist: der Content zählt! Wer sich als Experte zu bestimmten Themen positionieren möchte, der muss sein Knowhow in aktuelle Kontexte bringen und vor allem schnell sein. Ein bisschen spielerischer mögen es die Chinesen hierbei. Und natürlich lieber in Mandarin als auf Englisch. Google Translate ist dabei zwar eine Option, erste Tests führen jedoch meist zu Unverständnis, so dass man doch lieber auf einen chinesischen Twitterer zurückgreifen sollte.

Sachverzeichnis

R. Leinemann (Hrsg.), *Social Media,* Xpert.press,
DOI 10.1007/978-3-642-36476-1, © Springer-Verlag Berlin Heidelberg 2013

CPSIA information can be obtained at www.ICGtesting.com
Printed in the USA
LVOW102247210613

339804LV00006B/29/P